ME LEVANTÓ QUIEN TE LEVANTARÁ

ME LEVANTÓ QUIEN TE LEVANTARÁ

Por

PROFETA
EVELYN MEDINA CRESPÍ

XULON PRESS

Xulon Press
555 Winderley Pl, Suite 225
Maitland, FL 32751
407.339.4217
www.xulonpress.com

Libro de bolsillo ISBN-13: 978-1-66288-440-5
Libro electronico ISBN-13: 978-1-66288-441-2

DEDICATORIA

Dedico este libro a la memoria de Josefina Crespí Soler (mi querida *Mita*). Ella me enseñó a amar a Dios, a confiar en Él y a creerle a Él. También dedico este libro a Gladys Santiago Crespí (mi querida *Mami* que hoy se encuentra morando con El Señor), de quien continúe recibiendo amor maternal e incondicional. Ubo una persona muy especial a la cual quiero añadir en mi dedicatoria, Nereida Santiago Crespí (Titi Nery), la cual alzo su voz y dijo hagámonos cargo de la niña, pues es sangre de nuestra sangre. Mis tres hijos no pueden faltar — Sujeily, George y Glaslyn — mis seis nietos, quienes han venido a ser mi razón de vivir, después de Jesucristo.

Los amo sin límites.

Gladys Santiago Crespí

Josefina Crespí Soler

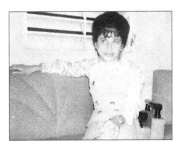

Nereida Santiago Crespí 3

AGRADECIMIENTOS

El agradecimiento de este libro está dirigido al que me dio vida, mi Dios, ya que sin su gracia y su amor todo hubiera sido un total fracaso. Estoy muy agradecida; pues pensó en mí desde antes de la fundación del mundo (Efesios 1:3-6). Doy gracias al eterno Dios por darme la sabiduría de poder plasmar en este libro lo que había escrito en su libro de mí.

Salmo 139:16

16 Mi embrión vieron tus ojos,
y en tu libro estaban escritas todas aquellas cosas
que fueron luego formadas,
sin faltar una de ellas.

Quiero agradecer en especial a mi hijo Jorge Méndez Medina; pues creyó en mis muchos procesos y acontecimientos de vida como medios de bendición e inspiración para que multitudes puedan levantarse. En un momento dado, me animó para que este libro sea una realidad; se atrevió a financiar este manuscrito y se unió conmigo, como hijo, a gritarle al mundo: "Me levantó, quién te levantará".

Quiero agradecer a todas las pastoras que fueron parte de la formación de mi carácter ministerial: la pastora Magaly Class, la pastora Nereida Rodríguez, la pastora Sandra Oyóla, la pastora Virginia Oyóla y la pastora Ruth Serrano.

PRÓLOGO

En *Me Levantó, Quien Te Levantará*, lectores encontrarán una fuente de enriquecimiento espiritual. Además, este escrito es una invitación a conocer, en palabras de la autora, a un Dios perdonador, amoroso y misericordioso. Cada palabra que vas a leer en este libro contiene verdades que te guiarán a permitir que tu viejo odre estalle para que el Dios eterno pueda depositar en ti su vino nuevo en un odre nuevo y logres entender que su amor y su propósito para contigo es de restauración y bendición. Creo fielmente que el Señor encontró en Evelyn Medina Crespí una mujer conforme a su corazón, quien se dedica a ser la voluntad de Dios. Es una mujer que, a través de sus vivencias, muestra el poder de Dios para restaurar nuestras vidas a través del perdón y va anunciando el amor incondicional de Dios a una generación que desesperadamente lo necesita. Su humildad te cautivará y lograrás verte como un candidato o una candidata a surgir, conquistar, avanzar y poseer. Por todo lo antes mencionado y aún más, lo que encontrarás en este hermoso libro es una respuesta del cielo hacia tu vida y hoy te puedo decir que te levantará el Dios que levantó a Evelyn Medina Crespí.

Apóstol Grisel Rivera
Fundadora De La Iglesia
Ciudad Nueva Vida
Sanford, Florida

PREFACIO

Cuando hablamos de sanidad interior, hacemos realidad en nuestra vida la enseñanza del apóstol Pablo en I Tesalonicenses 5:23 cuando dice:

²³Y el mismo Dios de paz, os santifique por completo; y todo vuestro ser, espíritu, alma y cuerpo sea guardado irreprensible para la venida del Señor.

Haciendo vivencia de esta verdad bíblica entendemos, entonces, que como seres tripartitos que somos — espíritu, alma y cuerpo — debemos estar aptos para funcionar como tal, para poder vivir en el *allí* de Dios.

1. En nosotros, el Espíritu (*pneuma*) es nuestra esencia y trabaja con el futuro porque vino de Dios, pero vuelve a Dios (Eclesiastés 3:11) y en nosotros es comunión con Dios y conocimiento de Dios. Nos ayuda en nuestras debilidades (Romanos 8:26) hasta devolvernos a la imagen de Dios.

2. El Alma (*psiqui*) es el asiento de las emociones y trabaja con el ayer; es la sede de los conflictos, ya que es ahí donde se encuentran los sentimientos, la mente, el intelecto y la voluntad. Por tal razón, a mayor apego a lo espiritual, menos cuentan las cosas materiales.

3. El Cuerpo (*soma*) siempre mira hacia el presente y obedece las directrices del alma. Y siendo que los conflictos abogan la

expresión del espíritu y sólo permite dar pasos inciertos, hay que liberar al hombre de los conflictos para que el Espíritu pueda moverse libremente a través de los canales del alma y ese ser tripartito pueda funcionar en el orden de Dios.

Esa es la realidad que encontrarás al leer esta obra de sanidad interior en la vida de Evelyn Medina, ya que parte de su vida pasada fue gigante espiritual, pero seguía siendo enana emocional. Ella oraba, cantaba, testificaba y predicaba, pero su alma seguía herida por todos aquellos conflictos de su pasado. No fue hasta que le permitió al Señor sanar su alma cuando ella pudo perdonar, en decisión, a todos los que le marcaron. Fue entonces que pudo ministrar en el orden de Dios.

Para sanar una herida del alma, debemos estar dispuestos a tres cosas:

- Aceptar que fue herida.
- Poder identificar esa herida.
- Trabajarla satisfactoriamente (perdonar en decisión).

Estos tres pasos te darán la capacidad de poder perdonar genuinamente; ya que el perdón no es una emoción, sino una decisión. Y entendemos que, para ser perdonados por Dios, debemos perdonar a los que nos marcaron (Mateo 6:15).

Pastora Nereida Rodríguez, D.D.
Fundadora de la Iglesia Cristiana
El Sendero de la Cruz,
Humacao, Puerto Rico

TABLA DE CONTENIDO

Dedicatoria vii

Agradecimientos ix

Prólogo xi

Prefacio xiii

Capítulo 1 1
Mi Génesis

Capítulo 2 7
Las Crónicas De Una Niña

Capítulo 3 21
El Matrimonio, Mi Puerta De Escape

Capítulo 4 33
El Desastre Total

Capítulo 5 43
Una Llamada Inesperada

Capítulo 6 51
Los Muchos Comienzos

Capítulo 7 59
El Estallido De Un Odre Viejo

Capítulo 8 71
Corriendo Para Ganar

Capítulo 9 77
Tu Origen No Cancela Tu Destino

1

MI GÉNESIS

Quiero iniciar este capítulo haciendo una declaración: Tu origen no cancela tu destino. Esta afirmación la vas a encontrar a lo largo de este precioso libro y con un especial énfasis en esta primera parte. Es vital que prestes atención a lo que vas a comenzar a leer. Inicio narrándoles mi origen aquí en la tierra, mi génesis; hago esa aclaración, porque la Palabra de Dios dice en:

Efesios 1:3-6

³ Bendito sea el Dios y Padre de nuestro Señor Jesucristo, que nos bendijo con toda bendición espiritual en los lugares celestiales en Cristo, ⁴según nos escogió en él antes de la fundación del mundo, para que fuésemos santos y sin mancha delante de él, ⁵en amor habiéndonos predestinado para ser adoptados hijos suyos por medio de Jesucristo, según el puro afecto de su voluntad, ⁶para alabanza de la gloria de su gracia, con la cual nos hizo aceptos en el amado.

Tenemos que entender que nuestro *génesis*, nuestro principio y orígenes, no están determinados por nuestras circunstancias de nacimiento. Nuestra vida no está sin propósito y mucho menos sin destino o suscrita por lo que vivimos en el nacimiento, en la niñez, adolescencia o ya siendo una persona adulta.

Me propongo alcanzar a todo tipo de personas que, de una forma u otra, su nacimiento quizás no fue el mejor. Te puedo entender, porque tampoco el mío lo fue. Hoy con sesenta y un años de edad y veintinueve años en el ministerio, Dios me ha hecho entender Efesios 1:3-6 con profundidad: sanando mis comienzos, dándome una identidad de hija, ayudándome a reconocerle como mi *Abba Padre* (Romanos 8: 15), y posicionándome para un futuro glorioso.

Anunciar con gozo a un matrimonio que van a ser padres es lo más bello que se puede experimentar; claro esto es si eres esperado o esperada, si te han deseado por el profundo amor que se tienen el uno al otro.

He participado de múltiples recibimientos de bebes y es uno de los acontecimientos que más me hacen feliz, porque ver el milagro de la vida es impresionante. La Biblia declara en:

Eclesiastés 11:5

⁵ *como tú no sabes cuál es el camino del viento, o cómo crecen los huesos en el vientre de la mujer encinta, así ignoras la obra de Dios, el cual hace todas las cosas.*

No debemos de tomar la vida vanamente y ser ignorantes de la gloria de Dios, el cual hace todas las cosas. Este versículo lo declara: la vida es una obra de Dios y un regalo del cielo. Es por esa razón que hoy puedo decir; fui parte de los planes de Dios a pesar de que no me planificaron, no me esperaban, ni me hicieron preparativos; me rechazaron, me regalaron y me dieron a Servicios Sociales una agencia

Gubernamental que reciben a los niños que son abandonados. En síntesis, no fui parte de los planes de papá y mamá.

Dios no es como los padres terrenales. Él es el Padre perfecto que nos ama con amor profundo y nos cuida como lo que es: un gran Padre, soberano y en control.

Los que hemos atravesado esta situación debemos cambiar nuestra concepción de los hechos, viendo a Dios como un Padre que tiene *Propósito* y *Destino* con sus hijos e hijas. Lo digo porque Dios ha perfeccionado día con día lo que Él escribió de mí (Filipenses 1:6).

Yo, Evelyn Medina Crespí, podría decir que mi génesis fue bien paralela a esta historia bíblica:

Ezequiel 16:3-6

³ Así ha dicho Jehová el Señor sobre Jerusalén [Evelyn]: tu origen, tu nacimiento, es de la tierra de Canaán; tu padre fue amorreo, y tu madre hetea.
⁴y en cuanto a tu nacimiento, el día que naciste no fue cortado tu ombligo, ni fuiste lavada con aguas para limpiarte, ni salada con sal, ni fuiste envuelta con fajas.
⁵no hubo ojo que se compadeciese de ti para hacerte algo de esto, teniendo de ti misericordia; sino que fuiste arrojada sobre la faz del campo, con menosprecio de tu vida, en el día que naciste.
⁶y yo pasé junto a ti, y te vi sucia en tus sangres, y cuando estabas en tus sangres te dije: ¡vive! sí, te dije, cuando estabas en tus sangres: ¡vive!

Soy originaria de Barceloneta, Puerto Rico. Mi padre fue Juan Ramón Medina y mi madre Carmen Lydia Crespí. Soy el resultado de una relación ilícita; mi madre había escogido vivir un estilo de vida libre y sin compromiso matrimonial, y mi padre había elegido entregarse por completo al alcoholismo.

Soy el resultado de sus conductas desenfrenadas y de sus vidas independientes. A ambos les llegó la noticia de su paternidad y no me recibieron como hija y se dieron a la tarea de terminar con ese embarazo de una noche de locura.

Entre las alternativas que eligieron, practicaron remedios caseros conocidos en esos tiempos, además de inyecciones para provocar ese aborto. En su intento frustrado y desesperado de impedir mi nacimiento y totalmente cegados por el dios de este siglo, Satanás (II Corintios 4:4), mi madre comenzó a golpear su vientre sin ningún resultado y fue cuando pronunció las palabras más atroces, soeces, viles y maledicentes que pudiera pronunciar alguien: "Diablo, toma este bebé. Lo entrego en tus manos, es tuyo".

Lo sobrenatural de ese acto es que lo hizo frente a su prima, Gladys Santiago, una mujer ya redimida y alcanzada por Jesús. El Reino de los cielos había hecho morada en ella y en ese instante declaró una oración que me ataría no solo al destino y propósito de Dios, sino también a esa familia.

Gladys Santiago y su madre Josefina Crespí (y a su vez tía de mi madre biológica) estaban ancladas en:

Jeremías 32:27

²⁷ *he aquí que yo soy Jehová, Dios de toda carne;*
¿habrá algo que sea difícil para mí?

A pesar de todos los atentados contra ese embarazo — las prácticas abortivas y la maldición pronunciada — esas grandes intercesoras obstruyeron los planes de Satanás y, con su súplica, cambiaron la sentencia de muerte que el enemigo había soltado sobre mi vida y nací yo, Evelyn Medina Crespí.

Ezequiel 16:6

⁶ y yo pasé junto a ti, y te vi sucia en tus sangres, y cuando estabas en tus sangres te dije: ¡vive! sí, te dije, cuando estabas en tus sangres: ¡vive!

Mi nacimiento fue con grandes retos. Por causa de todos los intentos abortivos nací ciega y sorda del lado derecho y con mi sistema digestivo trastocado.

Mis padres naturales continuaron tomando decisiones fuertes y contundentes y me llevaron a casa de la abuela materna. Al no poder sostenerme, por sus vidas desenfrenadas que llevaban, tomaron la decisión de entregarme a Servicios Sociales, firmando los documentos necesarios para que el Departamento de la Familia de Barceloneta se hicieran cargo de mí y ellos poder seguir cada uno por su rumbo. De allí, me enviaron a un cuido de niños en Florida, un barrio de mi pueblo natal.

Josefina Crespí y Gladys Santiago son las mujeres que se atrevieron a entrar a la Corte Suprema del Cielo y detener, a través de la oración, esa sentencia de orfandad.

"¿Dónde está la niña?" Exigieron. "Entréganos la niña".

Cuando Dios tiene planes contigo no hay muerte, ni poderes del mismo infierno que pueda detener lo que ya el cielo dictó de ti. Acuérdate que iniciando este capítulo te declaraba que tu origen no cancela tu destino. Josefina y Gladys me habían atado al destino y propósito de Dios.

Ambas se dieron a la tarea a investigar dónde yo me encontraba. Iniciaron y lograron todas las gestiones legales para que el gobierno les concediera a esa niña llamada Evelyn. A los diez meses de vida, Dios me puso en sus manos para obtener una crianza donde Él sería el eje de mi vida.

Josefina Crespí, la tía de mi madre biológica, fue y siempre será la gran *Mita* y Gladys Santiago Crespí es y será para mí, *Mami*.

Las condiciones en las que me encontraron en ese cuido de niños del gobierno eran pésimas. La ropa que llevaba puesta era una *cotita* de bebé bastante desgastada y en cuanto a mi apariencia física — muy descuidada y en desnutrición.

No tenía el peso apropiado que necesitaba tener para el tiempo de nacida, debido a las complicaciones médicas con que había nacido a causa de las prácticas abortivas a las que se había sometido mi madre biológica. Mi sistema digestivo no funcionaba como debía y esto causaba que no asimilara bien los pocos alimentos que en aquel lugar me suplían.

Muchas veces, la provisión diaria consistía solamente en un poco de agua con azúcar, provocándome una mala nutrición. Frente a mí había una cuna compartida con otros niños que estaban en la misma condición que yo. Pero Dios tenía destinadas dos mujeres grandiosas, llenas de amor, valentía y dispuestas a cumplir con la asignación que el cielo les otorgó por causa de sus oraciones. Ambas me abrazaron, me sacaron de esa cuna fría y, junto a sus abrazos, mi llanto cesaba.

Mis brazos se aferraron a sus cuellos y yo no las solté más. Inició una nueva temporada de provisión, cuidado y amor y, sobre todo, una crianza donde Dios sería el centro de mi nueva etapa.

Por causa de todo ello estaba a las puertas de grandes retos, y fui celebrada y recibida en un hogar donde encontré a mi familia. Me levantó quien te levantará.

2

LAS CRÓNICAS
DE UNA NIÑA

En este capítulo, quiero continuar contándote parte de mi desarrollo como niña, con el fin de darle énfasis a que nuestro Dios puede sanar y restaurar nuestro origen y llevarnos a nuestro propósito de existencia. Mi historia te llevará a creer en un Dios que nos ama como un Padre.

Claro que había unas consecuencias de todo el escenario de mi nacimiento que estaban por manifestarse sobre mi vida y sobre mi desarrollo físico, emocional y espiritual.

Mita asistía regularmente a la Iglesia Misión Board de la comunidad Palenque en Barceloneta, la cual se convirtió en mi segunda casa. Aproximadamente a mis cinco años comencé a ver otros matrimonios con sus hijos, y la manera de ellos tratarlos me hacía analizar y comparar lo que yo no tenía con lo que esos niños tenían: una mamá y un papá joven que jugaban con ellos, que los querían y aconsejaban. Eso fue despertando en mi unos celos y una estima baja por cuanto yo tenía un escenario diferente.

Aunque *Mita* y *Mami* me amaban y hacían lo mejor que podían a su alcance, no era igual a todo lo que los demás niños de la iglesia poseían y tenían. El enemigo que viene *"para robar, matar y destruir"* (Juan 10: 10) se ocupa muchas veces de abrir brechas en nuestras vidas para poder agrietarnos y producir quebrantamientos que nos fragmenten toda una vida e impedir avance, conquista e identidad.

Así que esas grietas produjeron en mí rebelión, solo para llamar la atención. Era un grito que llevaba interno de sentirme diferente a los demás.

Una de las consecuencias de ser niños recogidos o adoptados (lo dice la literatura) es el no poder desarrollar un sentido de pertenencia donde no encajas en ningún grupo social y por ende emerge una baja autoestima y pésima autopercepción.

Gloria a Dios por la paternidad de nuestro Padre celestial que nos adoptó como hijos suyos (Romanos 8:15; 9:26; Gálatas 3:26, Efesios 1:5). Esa adopción tiene el potencial de sanar y restaurar toda nuestra vida para que llevemos a cabo lo que ya Él destinó para nosotros.

Su adopción no se define igual a la adopción de la tierra. La gran mayoría de las veces, el que hayas sido adoptado bajo el sistema de la tierra lo proyectan como un gran favor que te hicieron. "No te dejaron morir de hambre", y es un favor que te demandan que lo pagues el resto de tu vida. Es por esta razón que muchas veces no eres parte de los que heredan; no estás en la titularidad de las propiedades de las familias que te adoptaron o te criaron. Nunca logras sentido de pertenencia por los sistemas de muchas familias que operan en esta tierra.

La paternidad de Dios rompe con toda falta de balance y justicia mal formada en nuestro carácter.

Quiero compartir contigo una definición del Derecho Civil sobre adopción que nos ayudará a entender y asimilar lo que Dios hizo por nosotros:

> *Es la acción legal por el cual una persona tiene en su familia un hijo que no es el suyo con el fin de tratarlo cómo uno genuino y darle todos los privilegios de su hijo natural. Un hijo adoptado legalmente tenía derecho a todo los derechos y privilegios de un hijo natural nacido.*

Este es el derecho que nuestro Padre celestial nos ha otorgado que seamos sus hijos por adopción y heredamos igual que Jesús, su Hijo. Con esta adopción, el pasado se canceló y nuestras deudas son eliminadas. Tenemos el derecho de comenzar una nueva vida con Dios y somos por derecho legal herederos de todas sus riquezas.

Juan 1:12-13

*¹²más a todos los que le recibieron, a los que creen en su nombre,
les dio potestad de ser hechos hijos de Dios;
¹³los cuales no son engendrados de sangre, ni de voluntad de carne,
ni de voluntad de varón, sino de Dios.*

Nos convertimos en coherederos con Jesucristo, hijo único de Dios. Lo que Cristo hereda también heredamos. Tenemos un nuevo Padre. Ya no somos miembros de la familia de Adán; toda nuestra herencia adámica con su pecado y la muerte ha sido eliminada, cancelada y ahora somos miembros de la familia de Dios. ¡Él es ahora nuestro Padre y Jesús es nuestro hermano mayor! Qué honra y privilegio ser miembros de la familia de Dios, el Padre celestial.

Efesios 1:4-5

*⁴según nos escogió en él antes de la fundación del mundo, para que
fuésemos santos y sin mancha delante de él,
⁵en amor habiéndonos predestinado para ser adoptados hijos suyos
por medio de Jesucristo, según el puro afecto de su voluntad*

No me he desviado del tema principal de este capítulo, "las crónicas de una niña", pero tengo que presentarte la raíz de esta distorsión, frustración, baja autoestima y/o carencia de sentido de pertenencia. No es correcto que te identifiques solamente con ese criterio diagnóstico ilustrado con la etapa oscura de mi historia. Pues, la redención alcanzada con la adopción celestial es lo medular con un tan poderoso amor que nos devuelve la convicción de ser un hijo y una hija legítima y otorgarnos la misma herencia de la cual participa Cristo.

Juan 3:16

[16] *porque de tal manera amó Dios al mundo, que ha dado a su hijo unigénito, para que todo aquel que en él cree, no se pierda, mas tenga vida eterna.*

¡Poderoso su amor!

En esta faceta de niña, seguí creciendo y Dios añadiendo gente y personas extraordinarias que me llevarían eventualmente a conocer al Dios que ya me había adoptado y me estaba llevando por una trayectoria de sanidad y restauración.

Mita — aunque muy anciana — me brindó cariño, amor, disciplina y seguridad emocional y espiritual. Me instruyó sobre ese Dios de amor y de misericordia. Me enseñó a amarlo, a respetarlo y a servirlo con sinceridad. Juntas orábamos largas horas, ayunábamos y perseverábamos.

Era en sus brazos donde yo podía refugiarme. Era esa figura que me inspiraba confianza y aceptación; con ella me sentía valorizada y cuidada. Nunca me preocupé pensar en la diferencia de edades que existía entre ella y yo, como para pensar que no era mi madre o mi abuela biológica. Sentía seguridad con ella y eso era suficiente para mi… pero era una niña con grandes necesidades de aceptación.

Para mí, ella era como un dios. No malinterpretes mi concepto; para un niño que no tiene una definición clara, su idea se forma a través del ejemplo que recibe de la persona que más cerca tiene.

Si tú profesas ser cristiano y la actitud en tu hogar es hostil o violenta o de maltrato, así será la referencia de Dios que darás a tus hijos. En cambio, si lo que demuestras a tus hijos es amor acompañado de ejemplo íntegro y temeroso de Dios combinado con disciplina (normas de vida que rigen la convivencia en el hogar), esa será la referencia que estás dando a tus hijos. La Palabra de Dios nos enseña en el libro de los:

Proverbios 22:6

instruye al niño en su camino y aun cuando fuere viejo
no se apartará de él.

Esa instrucción debe ir acompañada con amor, ejemplo y disciplina en un balance saludable para el desarrollo espiritual y emocional de ese niño y su comprensión de quién es ese Dios con el que nos relacionamos y del que tanto le hablamos.

Hoy doy gracias a la enseñanza en la Palabra de Dios que recibí de mi querida *Mita*, quien por muchos años fue la misionera en el Concilio Asambleas de Dios de Puerto Rico y de mi querida *Mami*, mujer que proveyó seguridad emocional y física sobre mí y también una mujer extraordinaria que marcó mi vida hasta el día de hoy. Está viva y testigo fiel de mis crónicas. La gran Lucy Soto en aquel entonces figuraba como la directora del ministerio de niños y fue y ha sido una persona que Dios la destinó para enseñarme, protegerme, tenerme paciencia y atestiguar muchos eventos en mi vida. Todas tuvieron mucha paciencia conmigo, instruyéndome en mi relación con Dios.

Recuerdo que Lucy Soto hacía muchas actividades con los niños de la iglesia y siempre contaba conmigo. Parte de sus actividades con los niños consistía en visitar algunos ancianos de la iglesia que estaban enfermos o inválidos y allí llevábamos cánticos y palabras de consuelo. En ocasiones, hacía retiros de niños donde se procuraba el bautismo del Espíritu Santo; también campañas auspiciadas por la niñez, y allí siempre estaba yo con Lucy.

Se nos programaban excursiones para que pudiéramos divertirnos y crear un balance entre personalidad y relaciones interpersonales. En una ocasión en un parque, mientras nos estábamos divirtiendo, yo me aparté del grupo de niños sin que Lucy se diera cuenta y me dirigí a una pequeña cueva que había en ese lugar. Las cuevas tienen algo muy peculiar, y es que tu voz se agudiza y si cantas, se oye como si tu voz tuviera un amplificador. Eso me cautivó y comencé a orar en alta voz y a pedirle a Dios que me llenara con su Santo Espíritu, y que llenara a los niños también.

Algunos niños se dieron cuenta que yo había entrado en esa pequeña cueva y también me siguieron. Al entrar, encontraron que Dios me había bautizado con el Espíritu Santo y comencé a imponer manos y ellos fueron bautizados con el Espíritu Santo. De repente, un poder sobrenatural comenzó a manifestarse sobre mí, y los niños que comenzaron a entrar a la cueva caían al piso siendo impartidos de lo que por gracia yo había recibido.

No teníamos noción del tiempo que había transcurrido. Lucy no se tardó mucho en preguntar dónde se encontraba Evelyn, porque donde estaba Evelyn estaría el resto de los niños que se habían salido del grupo. Algunos niños le señalaron donde nos encontrábamos y cuando Lucy llegó, se dio cuenta de la experiencia Pentecostal en ese lugar.

Gloria a Dios por su Espíritu Santo. Gloria a Dios por su poder y gloria a Dios porque Él fue el que dijo en:

Mateo 19:13-15

¹³ entonces le fueron presentados unos niños, para que pusiese las manos sobre ellos, y orase; y los discípulos les reprendieron.
¹⁴pero Jesús dijo: dejad a los niños venir a mí, y no se lo impidáis; porque de los tales es el Reino de los Cielos.
¹⁵y habiendo puesto sobre ellos las manos, se fue de allí.

El Reino de los Cielos y ese bautismo no solo me marcó a mí, sino que comenzó a manifestarse el llamado y el propósito por el cual me había permitido nacer. Dios depositó en mis nueve años de edad un poder sobrenatural para ministrar a otros con el propósito de ser restaurados, consolados y liberados.

Una vez más, Dios me demostraba cuánto me amaba y confiaba en mí y también les estaba declarando al liderato de niños el propósito grande conmigo y la convicción de desarrollarla.

Este acontecimiento marcó de tal manera mi vida que desarrollé una confianza de dirigirme a Él y hablar con Dios en mis momentos de crisis, que fueron bastantes. De la misma manera como Dios me escuchó en la cueva, me sigue escuchando hoy.

Su Palabra dice en:

Jeremías 33:3

³ clama a mí, y yo te responderé, y te enseñaré cosas grandes y ocultas que tú no conoces.

Nunca subestimes la oración de un niño, un adolescente, un joven, un adulto o un anciano. Dios siempre contestará nuestras oraciones y la edad no limita a Dios para contestar.

A medida que fui creciendo y desarrollándome, tanto en mi casa con *Mita* y en la iglesia, fui también descubriendo que desde muy pequeña me gustaban mucho los instrumentos y sobre todo el canto. Comencé a participar en programas de los niños cantando, y al cabo de los años me convertí en músico de la iglesia. Cuando cantaba y adoraba a Dios, sentía que era otra persona, y me elevaba a otra dimensión. En esos momentos, me olvidaba de todo lo que me rodeaba, y no había lugar para la incertidumbre. No pensaba en mis problemas, ni me importaba como me sentía; todo venía a ocupar un segundo plano. Simplemente me sumía en la alabanza al Creador.

Me acuerdo que me enlazaba en las notas que salían de aquellos instrumentos musicales, los cuales eran juguetes y a la medida que maduraba se convertían en instrumentos reales. Yo me perdía en mi propia música, lo cual se convertía en mi refugio y mi más efectiva terapia. La adoración me ha cruzado y fortalecido a lo largo de mi vida y ya con sesenta años de edad puedo decir que el ministerio de adoración ha sido mi arma de guerra y conquista, impactando a cientos y cientos de personas a través de mis tres producciones musicales y actualmente trabajando una cuarta producción, potenciando el don profético que también Dios me ha permitido tener. A Dios le plació llamarme profeta desde el vientre de mi madre.

Jeremías 1:5

[5] *antes que te formase en el vientre te conocí, y antes que nacieses te santifiqué, te di por profeta a las naciones.*

El tiempo había transcurrido y ya me encontraba en mis doce años de edad aproximadamente. Muchos acontecimientos ocurridos unos tras el otro que me llevaron a pensar y a analizar. Ya había un grado de madurez, ya era una adolescente y me sentía que estaba colocando en mi cabeza piezas de mi vida, así como se arma un rompe cabezas. Me acuerpaba una incertidumbre que estaba dispuesta a vislumbrar, por lo que abordé a *Mami*, "¿Eres tú realmente mi mamá?"

Un mutismo se apodero de mí. Pues, no estaba preparada para recibir esa respuesta, la cual derrumbó mi mundo interior. Lo que siempre temí en el silencio de mi alma ahora se convertiría en realidad.

Todo a mi alrededor se tornó gris, mi cerebro comenzó a maquinar sin ninguna aclaración: ¿quién soy? y ¿quién es mi madre?

La histeria se apoderó de mi cuando Gladys Santiago, la que por doce años la llamé *Mami*, me dijo la identidad de mi madre biológica. Yo la conocía, yo sabía quién era. Yo me relacionaba con ella, de hecho, visitaba la casa de *Mami* – pues, eran primas.

Mami fue la que le presentaba al Señor cada vez que ella la visitaba. Es más, confrontaba la idea recurrente del posible aborto, provocando furia. ¿Cómo iba a aceptar que la "loca del barrio" era mi madre biológica, de la cual muchos atestiguan las palabras de maldición y los recurrentes golpes auto infringidos?

¿Quién soy? ¿De dónde vengo? ¿Qué me espera en el futuro?

¿Puedes ponerte en mis zapatos con esa condición y esa edad?

¿Qué dirán ahora mis compañeros de clases cuando se enteren que mi verdadera madre es aquella mujer que siempre estaba en la calle buscando oportunidad con cualquier hombre? ¡Qué vergüenza! ¡Qué dolor! ¡Ella no puede ser mi madre! ¡Esto es una pesadilla y yo voy a despertar!

Lamentablemente, no fue así.

El temor se apoderaba de mí cada vez que ella llegaba a la casa. Había algo en ella que me hacía repudiarla; su apariencia me causaba sensaciones desagradables.

Determiné no recibirla, no verla, ni mucho menos aceptarla como mi madre. Para mí, seguiría siendo lo que era: una mujer cualquiera, que nunca conocí ni me interesaba conocer.

Mita seguía siendo todo para mí Saber que ella existía, que estaba ahí, que podía contar con ella — eso aliviaba mi dolor y mi incertidumbre. Entonces, comencé a convencerme de que mi gran *Mita* nunca envejecería, que nunca moriría y que nunca me abandonaría.

Yo siempre estaba con *Mita*. Si ella tenía que hacer visitas a los enfermos, me llevaba con ella; si ella tenía que predicar, si tenía que hacer alguna actividad pro- templo, allí estaba yo con *Mita*, trabajando para la obra del Señor. Recuerdo las alcancías del *centavo misionero* y las actividades pro-misioneras. ¡Cuántos dulces de coco, de leche, de almendra o polvorones hice con *Mita* para cooperar con la obra del Señor! Con ese ejemplo de vida, yo crecí.

Mita comenzó a explorar nuevos horizontes para ella y para mí. Buscaba tener nuevas oportunidades de vida para ambas y buscaba nuevas oportunidades ministeriales. Ella tenía un hijo en Estados Unidos que se llamado Félix, al cual comenzamos a visitar.

En una ocasión cuando comenzaba el semestre escolar de agosto a diciembre de 1969, *Mita* hizo los trámites para darme de baja en la escuela porque íbamos a viajar. *Mami* trató de impedirlo, pero en *Mita* la opción de dejarme no existía. Y como siempre acostumbraba, preparó mi maleta y nos fuimos a Nueva York, llegando así a la casa de su hijo Félix. Estudié en la escuela por dos años en Nueva York, hasta que *Mita* decidió regresar una vez más a Puerto Rico.

Este regreso marcaba una temporada que se aproximaba en mi vida que la cambiaría y marcaría por siempre. Pasado un tiempo, *Mita* enfermó y debía hacerse unos tratamientos en Estados Unidos, al menos esas fueron las razones que me dieron en aquel momento. Su salud continuó desmejorando y llegó la situación más oscura, terrible y angustiosa de mi vida. En los preparativos solo estaba hecha una sola maleta. Por primera vez yo no era parte de este viaje. Mi alma comenzó a angustiarse y sentí un vacío terrible en mi interior. Fue una sensación de soledad, abandono y separación. La verdad es que no sabía cómo explicarlo; todo lo que estaba sintiendo era que el viaje que ella emprendería sin mí era para la eternidad.

Le habían diagnosticado un cáncer avanzado. Llegó a Nueva York y comenzó los tratamientos de quimioterapia que la debilitarían aún más y sin ningún éxito sobre la enfermedad por encontrarse en un estado avanzado. Estando en su etapa final, *Mita* comenzó a procurar llamarme por mi nombre; quería verme antes de morir. *Mami* hizo todos los arreglos pertinentes con el hospital para poder trasladarla a Puerto Rico, viva.

Llegó el gran día cuando se logró su traslado y yo me encontraba en el Aeropuerto Internacional Luis Muñoz Marín de Puerto Rico con muchas emociones encontradas. Vi aterrizar aquel avión donde arribaría mi querida *Mita*. La ambulancia ubicada en espera de aquella moribunda anciana y luego vi cuando bajaban en una camilla por las escaleras del avión a mi *Mita*, la mujer que me abrigó, me dio amor, la que nunca me abandonó. Ahora estaba tan frágil. Escuché cuando me llamaban para entrar en la ambulancia; pues, el motivo principal de su regreso era verme antes de morir.

Todo parecía tan tenebroso una vez más. Poco a poco se iba desplomando toda mi vida, y la angustia se apoderó de mí. Sentí que entraba en una cuenta regresiva donde llegaría al punto cero de mi vida. El único pensamiento que venía a mi mente era: *Se va la única persona en este mundo que me ama verdaderamente. Ahora, ¿qué voy hacer? nadie me ama, nadie me quiere.*

Me inundó un pensamiento de reclamo a Dios que atacaba el propósito de mi existencia: *¿Para esto me dejaste nacer? ¿y ahora qué?*

Finalmente llegó el momento que nunca deseé vivir. Josefina Crespí, *Mita*, falleció en mayo 30, 1978. Lloré, grité. Tenía mucho coraje, ira, frustración, dolor y rabia todo contra Dios, con la vida y conmigo misma. ¿Qué le había hecho tan malo a Dios para que me pagara con tanto dolor? esa fue mi interpretación de todas mis crónicas.

Ya yo sabía lo que mi verdadera madre había tratado de hacerme; sabía de su rechazo y de su desprecio. Sabía que mi padre era un alcohólico. Sabía que las personas que me rodeaban realmente no eran la familia. Lo que no sabía era qué hacer y a dónde ir.

En Puerto Rico en ese entonces, era costumbre llevar a cabo los velatorios en las casas, así que el velatorio de Josefina Crespí, mi querida *Mita*, fue en la casa de Gladys, de *Mami*. Fueron unos días intensos y muy agotadores. Cuántas fueron las veces que en silencio, mientras los demás descansaban, me acercaba al cadáver, lo tocaba, le decía tantas cosas, le reprochaba el haberme abandonado así; en fin le expresaba mi coraje. Luego observaba y me decía a mí misma: ¿y así es la vida? ¿de esto se trata la vida: sufrimiento, rechazo, *dolor y abandono?*

No pude conciliar el sueño durante esos días. Sabía que pronto llegaría el momento que no la vería más y quería aprovechar cada segundo, aunque fuera cerca de su cadáver, porque aún verla allí me impartía seguridad. Lucy Soto, la directora del ministerio de niños, se encontraba a mi lado consolándome, abrazándome y asegurándome que yo estaría bien.

Inevitablemente, llegó lo más difícil. Escuché un sonido que retumbó mi alma. La tapa del ataúd que contenía los restos de mi querida *Mita* se iba cerrando lentamente hasta quedar completamente sellado. Así mismo una puerta dentro de mí se iba cerrando lentamente, sepultando en lo más recóndito de mi ser todas aquellas preguntas. Quise correr tras el féretro, pero no me lo permitieron. Así que observé de lejos como se desplazaba lentamente aquel coche fúnebre que se llevaba a mi querida *Mita* para nunca más regresar.

Me salí fuera de la casa y comencé a caminar, ¿adónde? no lo sé. Solo quería huir de no sé qué, ni tampoco de quién. Quería dejar que mi mente corriera y corriera hasta que llegara a quedarse sin pensamiento alguno, totalmente en blanco. Quería morir; peor aún, pensar que nunca existí y que ésta situación no era real.

Después de los actos fúnebres, regresé a la casa donde viví durante todo este tiempo con *Mita*, pero ahora regresaba sola. No había nadie, excepto mi dolor y yo. Comencé a ver las pertenencias de *Mita*. Todo lo que me rodeaba, que una vez me impartía seguridad, se acababa de esfumar en ese ataúd. Ahora esas mismas cosas me impartían melancolía, incertidumbre, y soledad. Entendí entonces por qué, para ese viaje, mi maletita nunca se empacó.

Estas son las crónicas de una niña ya convertida en una adolescente, casi joven. Dios me levantó de tanto sufrimiento y por eso puedo declarar a viva voz: "Me levantó quien te levantará".

3

EL MATRIMONIO, MI PUERTA DE ESCAPE

Busqué refugiarme en el matrimonio a muy temprana edad, apenas dieciséis años. Así, inmadura y con todo mi dolor, sentimientos de rechazo, baja autoestima, y complejos de inferioridad, estaba afectada emocionalmente, turbada y confusa. Yo vi en el matrimonio mi solución, mi puerta de escape.

Después de haber conquistado muchos de mis sentimientos y de haber encontrado en Jesús sanidad para mi alma, me di cuenta de historias parecidas leyendo su Palabra. Muchos de los héroes de la fe, en un momento dado de sus vidas, se encontraban atravesando situaciones adversas, contradictorias, conflictivas y muy difíciles de entender y soportar, buscando así una puerta de escape.

Los amigos de David estaban siendo rechazados, perseguidos, mal entendidos y en estrechez económica; experimentando miedos, noches de incertidumbres, depresiones, tristezas, soledades e inestabilidad por los constantes movimientos de mudanza causados por Saúl. El rey los perseguía para matarlos.

David logró entender que escapar no era la solución a sus conflictos. Él declaró en el:

Salmo 11:1

¹ en Jehová he confiado
¿Cómo decís a mi alma,
Que escape al monte cual ave?

David dijo, "No escaparé". ¡Qué poderoso! Pues, mientras estás leyendo este capítulo y te encuentras atravesando una tempestad en tus emociones, Dios te dice: "No lo hagas. Cree, persevera. Tu proceso no te va a matar; te va a avanzar. Yo traigo sanidad y una victoria contundente sobre todo lo tuyo.

Siento gritarte que Él que me levantó a mí, te levantará a ti también.

Espera, soporta y ten fe. Pues, Dios te dará tu salida y traerá sanidad a tu vida. En esta temporada de mi vida, estoy experimentando esta sanidad.

Pero claro, mientras atravesaba mi temporada de sanidad, me encontré otra Escritura que sí me sorprendió, porque se trata de Jesús, nuestro Salvador.

Imagínate que Él experimentó fuertes emociones de dolor, al punto que le oró al Padre por una puerta de escape.

Jesús también deseó, antes de ir a la cruz, una puerta de escape. No era que no amaba al Padre, ni era que no nos amaba, solo era que el sufrimiento y dolor que iba a experimentar sería tan inmenso que le gritó en su Getsemaní, "¡Señor, sácame de aquí! Padre, suple y otórgame una puerta de escape".

Marcos 14:32-41 lo narra de esta manera:

³² Vinieron, pues, a un lugar que se llama Getsemaní,
y dijo a sus discípulos:

—sentaos aquí, entre tanto que yo oro.
³³ Se llevó consigo a Pedro, a Jacobo y a Juan, y comenzó a entristecerse
y a angustiarse. ³⁴ y les dijo:
—mi alma está muy triste, hasta la muerte; quedaos aquí y velad.
³⁵ Yéndose un poco adelante, se postró en tierra, y oró que, si fuera
posible, pasara de él aquella hora.
³⁶ Y decía: «¡Abba, Padre!, todas las cosas son posibles para ti. aparta
de mí esta copa; pero no se haga lo que yo quiero,
sino lo que quieres tú.»
³⁷ vino luego y los halló durmiendo, y dijo a Pedro:
—Simón, ¿duermes? ¿no has podido velar una hora?
³⁸ velad y orad para que no entréis en tentación; el espíritu a la verdad
está dispuesto, pero la carne es débil.
³⁹ Otra vez fue y oró, diciendo las mismas palabras.
⁴⁰ al volver, otra vez los halló durmiendo, porque los ojos de ellos
estaban cargados de sueño; y no sabían qué responderle.
⁴¹ Vino la tercera vez, y les dijo:
—¡dormid ya y descansad! ¡basta, la hora ha llegado! he aquí, el hijo del
hombre es entregado en manos de los pecadores.

La Escritura nos arroja un escenario de las emociones de Jesús que son un espejo de las nuestras. Yo me vi en Jesús. La Palabra me sanó; pues Jesús tenía su alma extremadamente triste al punto de sentir desfallecimiento. Y es ahí donde le pide al Padre una puerta de escape.

Marcos 14:36 nos enseña que Jesús persistió en escapar de ese dolor y de ese sentimiento:

36 y decía: «¡Abba, Padre!, todas las cosas son posibles para ti.
Aparta de mí esta copa; pero no se haga lo que yo quiero,
sino lo que quieres tú.»

Claro que en medio de esta Escritura se encuentra un antídoto poderoso y es "que se haga tu voluntad, Padre, no lo nuestra". Esto lo pidió y rogó hasta tres veces, y la obediencia lo llevó a rendirse de querer escapar.

¿Por qué dialogo contigo esta enseñanza? Porque todos, en un momento dado, queremos escapar o tener una puerta de escape frente a lo que estamos atravesando, pero Dios ya tiene tu sanidad, restauración y restitución en sus manos. Te será manifiesto.

Oro en esta hora para que mi dolor te sirva de prevención, pero que mi restauración te sirva de inspiración.

Vuelvo a mi historia. Evelyn Medina Crespí, muy joven con dieciséis años, me determiné a contraer matrimonio con un joven de mi iglesia. Muy dentro de mí abrigaba la esperanza de que aquella persona me podría comprender, aceptar, amar, cuidar de mí y de los demás. Me enamoré perdidamente de aquel joven.

Refugié en él todos mis sentimientos, mis emociones y mis aspiraciones. En fin, me refugié completamente en un amor condicional, aunque lo sentía incondicional. Para ser sincera y honesta, estimado lector y lectora: él era como un dios para mí.

Llegó el día de mi boda, cuando me di cuenta de que no estaba preparada para tal compromiso. Quise dar marcha atrás, y comencé a llorar desconsoladamente. Deseaba que *Mita* estuviera ahí conmigo, para preguntarle si lo que hacía era correcto o no. Nadie podía comprender mi comportamiento. Solo Dios y yo sabemos cómo me sentí. No encontraba a alguien a quien contar todos mis temores, alguien que me apoyara, que me entendiera y que me ayudara a salir de la situación que me esperaba, en esta decisión tan apresurada de mi parte. Me repetía constantemente en mi interior: *Si* Mita *estuviera aquí, me entendería. Si* Mita *estuviera aquí, yo no estuviera pasando por esto.* Mi vida comenzó a girar en torno a ese pensamiento, *Si* Mita *estuviera aquí, no pasaría* esto o aquello, *o no hubiera hecho* esto o aquello". No lograba desprenderme de esa dependencia hacia la persona de *Mita*. ¡Qué error!

Pero ya estaba frente al altar, con dolor en mi corazón y con mucha incertidumbre. Y como siempre Lucy, allí a mi lado. Recuerdo ver llegar a mi boda a mi padre biológico. Para mí fue una gran sorpresa. Quizás fue lo mejor que me pudo pasar ese día, porque entre él y yo no había mucha comunicación. Yo lo había invitado a mi boda.

Me llené de emoción y me sentí orgullosa. Por primera vez, mi padre biológico estaba junto a mí en un momento importante de mi vida. Mi padre vino, lleno de obsequios. Para mí fue uno de los momentos más lindos de mi vida en relación con mi verdadero padre. Fue un gesto muy bondadoso de su parte, a pesar de la relación tan distante entre él y yo; ese día sentí que en cierta manera algo o alguien nos acercó el uno al otro. Comencé a llorar, pero de alegría, al saber que alguien verdaderamente cercano a mí estaba ahí.

Quiero confesarles que no recuerdo haberle reprochado a mi padre lo que pasó conmigo. En cambio, cuando se trataba de mi madre, era algo que no podía evitar. El odio, el rechazo y la vergüenza me hacían no perdonarla por lo que me había hecho.

En mi nuevo estado, se repetía un patrón que aún no cortaba; pues, no fui bien recibida en la familia del que fue mi esposo en ese momento. Era una familia con un alto nivel social, y yo la niña de nadie, la que había llegado a esta vida a rodar por ahí, la agregada, la que siempre llevaba el título "la hija de crianza", "la hermana de crianza", la que habían recogido en un hogar sustituto y cuya madre andaba por las calles de aquel pueblo dejando hijos por dondequiera. Aquella que ni siquiera había terminado los estudios superiores, la desertora escolar.

¿Qué podía significar yo para aquella familia? Nadie se ocupó en saber lo que había en mi interior. Ningún miembro de mi nueva familia se interesó en tocar aquella puerta de mi corazón y, aunque yo no estaba dispuesta a abrirla a cualquiera, estaba ese sentimiento inconsciente de verdadera aceptación.

Ni mi esposo ni yo estábamos preparados para el compromiso de un matrimonio. Obviamente proyecté todo mi dolor e inseguridad en mi relación. Él, por su parte inmaduro, sin tener pleno conocimiento de lo que era una responsabilidad matrimonial, era hijo único y muy consentido. No nos entendíamos y nunca pudimos experimentar lo que muestra Efesios 5:21- 31.

Con todas nuestras carencias, hicimos el intento de sobrellevar ese compromiso y nos fuimos a vivir a la casa de mi suegra, en un apartamento en la planta baja de la casa. Nos refugiamos en varios ministerios de la iglesia donde perseverábamos. Puedo decir que hubo momentos buenos donde compartíamos mutuamente de experiencias lindas en el Señor, pero nunca recibimos orientación, ni consejería en nuestras crisis.

Todos los matrimonios tienen sus momentos difíciles, pero si sumamos heridas abiertas de nuestro pasado aunado a inmadurez y falta de compromiso, sin consejerías adecuadas, echamos a perder dos vidas que nunca fueron una sola carne.

Así que comenzamos a usar esa gran cortina de humo que muchas parejas usan para esconder sus desdichas: el ministerio. Quizás estas palabras puedan sonar un tanto fuerte para algunos, pero si ese no es tu caso, no tienes por qué sentirte ofendido; más bien ayúdame a orar por aquellos que están pasando por lo mismo.

Bien dijo el apóstol Pablo:

2 Corintios 4:7

⁷ [...] estos tesoros están escondidos en vasos de barro[...]

Cuando las cosas no van muy bien, culpamos a todos a nuestro alrededor; incluso hasta a Dios o, en otros casos, al diablo. No queremos enfrentar nuestra irresponsabilidad; mejor echémosle la culpa a otro.

Desde que Adán pecó, esa ha sido la actitud del hombre frente a su fracaso (Génesis 3:1-12). Todas las circunstancias me empujaron a hacerlo y tú, Dios, no viniste a mi rescate.

Así continuamos dentro de aquel velo ministerial, trabajando para el Señor. Teníamos un grupo de payasos llamado "Los Payasos Cristianos Manatieños". Nos dedicábamos a hacer reír a otros, evangelizando, y de esa forma podía esconder mis tristezas y mis angustias. Yo cantaba y tocaba en mi iglesia y mi esposo ministraba. Ante los ojos de los demás éramos la pareja feliz, pero al final del día se encontraban dos seres llenos de desdichas, en constante conflicto y humillaciones de ambas partes.

Así llegó mi primera criatura, una hermosa niña, mi querida Sujeily. Por fin tenía algo en la vida que era de mi pertenencia. Aquel pedacito de mí acababa de nacer. Me llenó de tanta alegría, felicidad y esperanza, sin saber que esa misma dicha y felicidad sería causa de tanto dolor. Amado lector, ¿te imaginas cómo se puso esa abuela paterna con la llegada de esa bella nieta, hija de su único hijo?

Y comenzó la discordia. Además de nunca ser aceptada en aquella familia, procuraron hacérmelo saber, sentir y vivir con sus actitudes y constantes críticas. Me trataban como una incompetente mental y emocional. Cuántas veces me juzgaron por cosas que nunca hice. Cuántas veces me culparon por hechos que no cometí. Cuánto prejuicio, rechazo y maltrato recibí sin saber la verdadera razón, excepto que yo no cumplía, según ellos, con los requisitos ni las cualidades para ser la esposa de su único hijo, porque simplemente era hija de la mujer que vagaba por las calles de Barceloneta.

Luego llegó la próxima criatura, el amor de mi vida, mi querido hijo Georgie. En toda mi vida no he experimentado sentimiento mejor que en cada ocasión en que veía llegar al mundo pedacitos de mí. Luego llegó mi última princesa, Glaslyn. Dios me bendijo con tres hermosos hijos.

No tenía túnicas de colores para ninguno de mis hijos, como pasó con José, el penúltimo hijo de Jacob (Génesis 37:3-4), pero si pudiera obsequiarle túnicas de colores a cada uno de ellos, los hubiera vestido con una sola túnica que los cubriera a los tres, porque cada color representaría todos los momentos compartidos. Los amo, mis queridos hijos, y hoy agradezco a Dios por cada uno de ustedes, y deseo que sepan que después del Señor todopoderoso, ustedes son mi razón de ser, vivir y luchar incansablemente en esta vida. Siempre deben recordarlo.

Luego llegó otro de los momentos dolorosos por el cual algunas mujeres han pasado y yo no fui la excepción. Entre la desdicha y la felicidad, llegó la decisión fatal del hombre a quien tanto amé, a quien le entregué toda mi vida, todo lo que era, en quien refugié todas mis esperanzas de sentirme parte de alguien — quizás ese fue uno de mis errores. Solo sabía que todas mis intenciones era hacerlo feliz, complacerlo en todo; sentir que éramos uno solo. Pero escuché aquellas punzantes palabras que traspasaron mi corazón, mi alma, y mi dignidad: "Me quiero divorciar. No te amo y nunca te he amado. No quiero seguir contigo",

Otra vez la pérdida, la soledad, el abandono y, peor aún, el rechazo, *Dios, ¿por qué a mí? ¿Por qué otra vez? ¿Qué está pasando? ¿Dónde estás? ¿Qué hice ahora? ¡No puede ser!* Luego el pensamiento inmediato que me acompañaba durante toda mi vida, esa voz que sólo puede venir del mismo infierno: *Te lo dije. Nadie te ama. Tú no vales nada, y nadie te comprende. ¿Por qué seguir esta vida así? Mejor quítate la vida y terminas con tanto sufrimiento. Tú nunca debiste nacer; todo lo que recibirás en la vida es traición, rechazo, heridas y dolor, porque nadie te ama.*

Pero a la vez que venía ese pensamiento, me invadía un grato recuerdo: *Mita.* Mi querida *Mita,* postrada orando, entregándome al Señor, haciéndome sentir y comprender que sí había un propósito de Dios con mi vida. Que no fui un accidente en la vida, que sí había una razón por la cual vivir y que esa razón yo la descubriría en Dios. Esas palabras, esa demostración de amor y aceptación la sentía muy profundo dentro de mí. Sé que era Dios cuidándome.

Aún vivía aferrada a la idea de que las cosas entre mi esposo y yo pudieran mejorar. Desconocía que su corazón ya estaba lejos del mío. Emocionalmente, ya él se había divorciado de mí, como esposa, mujer y madre de nuestros hijos. También se divorció de mis hijos, en cuanto a la necesidad de afecto y atención hacia ellos. La batalla fue ardua y agonizante para mí, ya que no aceptaba esa realidad. Luché como pude para honrar mi compromiso matrimonial, pero su decisión fue definitiva.

En contra de mi voluntad y con mucho dolor en mi alma, por todo el amor que aún sentía por aquel hombre, apenas sin poder escribir, firmé aquellos papeles. ¡Qué dolor tan desgarrador! No hay palabras para describirlo, no hay llanto que pueda aliviar, no hay sentimientos que puedan resistir ni emociones que se puedan manejar cuando llega a la puerta de una vida el divorcio. Si esa alternativa no es aceptable para uno de los cónyuges, entonces es peor. Ese fue mi caso. Yo no podía aceptar esta separación; pues, aún amaba al padre de mis hijos. Ahora, se volvieron a derrumbar todas mis esperanzas de ser feliz. Otra puerta que se cerraba con mucho resentimiento, ira, coraje y decepción. Lo que pensé que era mi puerta de escape cuando *Mita* murió se convirtió en mi puerta hacia mi propia trampa de destrucción física, emocional y espiritual.

Buscar en el matrimonio una puerta de escape para algunas circunstancias de la vida nunca debe ser la motivación, ni la base sobre la cual debemos fundamentar esta unión. Cuánto me ha costado aprender esa gran verdad en mi vida. Esa fue la puerta que se abrió frente a mí, llevándome a mi propia destrucción.

Nuevamente Lucy, esa figura maternal, apareció, acompañándome en este horrible y doloroso proceso del divorcio. Allí no estaba *Mita*, pero estaba Lucy, a quien Dios había puesto en mi camino, velando por mis pasos y procesos en mi vida. Quizás ella no lo hacía con la intención de verse como mi madre espiritual, sino simplemente porque había un gran aprecio hacia mi persona, pero Dios tenía un propósito en ello y hoy puedo verlo más claramente. Hoy ella es testigo fiel de mi trayectoria.

Para aumentar mi dolor, tenía que seguir viendo al padre de mis hijos, al hombre en quien tanto confié. Mi corazón se hacía pedazos cada vez que coincidíamos en la iglesia, y mis niños ya no llegaban con él ni regresaban con él a la casa. Recuerdo las veces que mi querido hijo Georgie, quien apenas tenía tres años de edad, se aferraba a una de sus piernas para no dejarlo ir. Los niños no comprenden este proceso. Son las víctimas mayores de nuestros errores y ahora les tocaba a los míos vivir este proceso. ¿Cómo explicarles? Al menos en ese momento no podía porque yo misma no lo entendía.

Así, despechada y dolida, traté de refugiarme en otra iglesia, buscando otro ambiente. Como te dije anteriormente, me dediqué a buscar seguridad emocional y sentido de pertenencia, producto del sentimiento del rechazo, mi fiel acompañante en la vida, resultado de lo que viví en mi infancia. De ninguna manera pretendo justificar mis acciones de una forma irresponsable; al contrario, sólo deseo que entiendas que traemos en nosotros unas herencias por parte de nuestros padres y cómo estas nos llevan a actuar fuera de lo que deseamos.

Pronto caí en otro apresuramiento, otra equivocación, otro error. Me casé de nuevo por las mismas motivaciones anteriores. Volví a usar el matrimonio como refugio a mi búsqueda de sentido de pertenencia. Sin darme cuenta, me arrastraba a la destrucción total. Puedo decir que tropezaba, me arrepentía y volvía y caía. Todo por no saber a tiempo sobre la herencia de maldición que llevaba conmigo y cómo romper con ella. El sentimiento de rechazo, las amarguras vividas y la entrega al enemigo por las palabras pronunciadas por boca de mi madre comenzaron a desatarse en mi interior: esa era mi herencia.

Comencé a buscar algo en mi interior que yo no entendía. El enemigo de las almas (Satanás) comenzó a reclamar un derecho sobre mi persona; pues, él no descansará hasta verme destruida totalmente. Pero un sello mayor se había puesto sobre mí cuando *Mita* me buscó y me presentó al Señor en aquel altar de Dios. Mientras el enemigo trataba de destruirme, Dios peleaba por mí. Esto lo puedo ver claramente ahora, pero en aquel momento no lo entendía así.

Después de dos años de mi primer divorcio, y ahora con un nuevo matrimonio, cuyo origen fue el despecho, culminé con un producto que se vislumbraba en el horizonte: me separé. En el proceso del divorcio me fui de Puerto Rico, totalmente destruida. Empaqué lo poco que tenía y me fui con mis niños a los Estados Unidos camino hacia el desastre total.

Para las cosas que llevaba en este viaje, no necesitaba muchas maletas, pero para todo el dolor acumulado, la culpa y las amarguras no había maletas suficientes. Allí iba la niña de nadie, la errante, la que la vida no le prometía nada y la que volvió a fracasar.

Quería huir de todo cuanto me rodeaba en aquel momento.

Tomé aquel avión con destino a la ciudad de New York, sin saber cuál habría de ser mi futuro ni el de mis hijos. ¿Qué me esperaba allá? ¿Tendría la oportunidad de recuperar mi vida? Tal vez sería un vano intento. No lo sé. En fin, yo no podía con tanto dolor. Así que, ¿qué podía perder al aventurarme en ese viaje del cual no sabía exactamente qué esperar?

Allí iba yo montada en ese avión sin saber qué debía esperar de la vida. Me dirigí a los Estados Unidos sin pensar que iba hacia el desastre total.

4

DE CAMINO A MI DESASTRE

La manera de que pensamos y sentimos es la manera de que construimos o destruimos. Careciendo de liberación, faltándonos sanidad interior y no abrazando la salvación de nuestro redentor Jesús, somos capaces de destruir y de traer un cuadro caótico sobre nuestras vidas y la vida de nuestros hijos.

Es en ese tiempo, es en ese momento, donde tu estado mental se encuentra lleno de confusiones, sufriendo vacíos profundos del alma, emociones trastocadas y deudas de amor, con un cuadro de orfandad, sin sentido de pertenencia alguno. Lo único que esto garantiza es un gran desastre en tu vida y todo tu entorno.

Jesús es el único que ofreció su vida; nadie lo obligó. Él la ofreció para arreglar el desastre que ocasionó nuestra caída.

La Palabra declara en:

Juan 10:18

18 nadie me la quita, sino que yo la doy de mi propia voluntad. tengo autoridad para darla, y tengo autoridad para tomarla de nuevo. este mandamiento recibí de mi padre.

Qué poderoso es saber que Jesús no nos dejó en nuestro desastre. No hay desastre pequeño, mediano o grande, que Él no pueda restaurar. No hay caos que Él no pueda ordenar.

La Palabra declara en:

Génesis 1:1

¹ *En el principio creó Dios los cielos y la tierra.*

Hasta ahí todo estaba hermoso. No fue hasta que ocurrió un gran desastre en el cielo (la sublimación de Lucifer y fue lanzado con violencia a la tierra) que se creó un caos, un gran desastre.

Pero qué hermoso es poder ver el amor de Dios y verlo operar con un corazón lleno de restauración y con la capacidad de trabajar con los desastres.

Génesis 1:2

² *y la tierra estaba sin orden y vacía, y las tinieblas cubrían la superficie del abismo, y el Espíritu de Dios se movía sobre la superficie de las aguas.*

La Palabra nos enriquece, nos amplía y nos sana. En ella encuentras un tesoro, un mapa, un diseño donde logras la restitución de tus desastres. En este versículo dos del capítulo uno de Génesis, describe que la tierra estaba sin orden; pues, ausencia de orden es un desorden y es equivalente a un desastre. Lo otro que describe es que estaba vacía. Podemos entonces entender que la falta de orden es porque hay un desorden o un desastre y los desastres se agudizan por nuestros vacíos.

Gracias a Dios por el regalo de Jesús que arregló todos — dije *todos*, no algunos sí otros no — todos nuestros desastres.

De esta manera lo expresa:

Juan 1:1-5

¹ En el principio era el Verbo, y el Verbo era con Dios,
y el Verbo era Dios.
2 este era en el principio con Dios.
3 todas las cosas por él fueron hechas, y sin él nada de lo que
ha sido hecho, fue hecho.
4 en él estaba la vida, y la vida era la luz de los hombres.
5 la luz en las tinieblas resplandece, y las tinieblas
no prevalecieron contra ella.

Mis desastres fueron alumbrados por Jesús Él es la Luz y la Vida de los hombres, y yo conocí al "Caballero de la Cruz", aquel que alumbró mi vida y disipó todas las tinieblas, todos mis vacíos que me lanzaban a crear caos y un cuadro catastrófico sobre mí y los míos.

Establezco primero el poder de mi amado Salvador para que puedas encontrar fe, esperanza y puedas entender que Él que me levantó a mí con su amor te puede levantar a ti.

Cuando llegué a New York, me sumí en una terrible depresión, a tal grado que sólo funcionaba bajo medicamentos. Llegué a pesar ochenta y cinco libras. No podía recuperarme de mi primer fracaso matrimonial, y no podía olvidar al padre de mis hijos. Me culpaba constantemente por haberme apresurado a otra relación sabiendo que no estaba preparada y, peor aún, haber fracasado. Cada instante me invadía el pensamiento de inutilidad en la vida, como mujer, esposa, madre y como creyente.

Ahora, sola con mis tres hijos, me encontraba en Newburgh, Nueva York. Vagaba sin sentido de dirección, huyendo de mi pasado, de mi dolor, de mis iras, de mis decepciones y de mis fracasos. No comprendía que mi pasado no estaba en el ambiente que me rodeaba ni en las personas que me rodeaban; estaba dentro de mí, en aquella habitación que cerré, que sepulté muy dentro de mí y por consiguiente a dondequiera que fuera. Allí me seguiría mi desdicha.

Una vez llegué a Nueva York, me recibió Esther, hermana de una tía política la cual me brindó su hogar para cobijarme junto con mis hijos. No era fácil dar albergue a una madre sola con sus tres niños pequeños.

Esther me brindó el calor humano que yo necesitaba. Me ayudó para que yo tuviera mi propio hogar, y estuvo conmigo en el proceso de llenar los documentos necesarios para solicitar un apartamento. En menos de un mes tuve un nuevo hogar.

La otra persona que estuvo mano a mano con Esther fue María. María vivía en el apartamento que me asignaron. Cuando se mudó, me regaló parte de su mobiliario, utensilios de cocina y ropa de cama. En fin, fue poco lo que tuve que conseguir para terminar de amueblar mi casa. Ellas dos, junto con el esposo de María, fueron de gran ayuda para mí en ese momento de gran necesidad. ¡Qué bueno cuando uno está pasando por momentos tan difíciles y Dios pone a nuestro lado personas claves que alivian la carga! ¡Ellos son bálsamo en nuestras heridas! Son seres que honran la Palabra de Dios en cuanto a la hospitalidad se refiere.

Hebreos 13:2

no os olvidéis de la hospitalidad, porque por ella algunos,
sin saberlo, hospedaron ángeles.

Ya con mi apartamento equipado, hice todos los trámites de rigor para que mis dos niños mayores, Sujeily y Georgie, pudieran estudiar. Inmediatamente comencé a congregarme en una iglesia; fue lo que me enseñaron y eso quedó muy grabado en mi interior. Busqué la congregación que por última vez visité con mi querida *Mita*; pero definitivamente ya no era lo mismo. No sé si fue porque ya ella no estaba allí conmigo o era yo que había cambiado; no me pude quedar en ese lugar.

Busqué otra congregación donde perseverar. Muchos buscan ser parte de una congregación, sea pequeña o grande, en una denominación en algún lugar, y eso es todo. Pero, ¿y qué de nuestro interior? ¿Qué de la obra restauradora del Espíritu Santo? ¿Qué de la sanidad de un alma herida? ¿Qué de la vida abundante de la que habló Jesús? ¿Qué de rendirnos totalmente a Él para que Él ponga en orden nuestro mundo interior? Yo no buscaba lo que me ofrecía el Señor. Lo único que buscaba era ser un miembro más.

Comencé a descontrolarme de mis nervios. Mi nivel de tolerancia hacia la vida, el diario, los retos de llevar un hogar sola a nivel administrativo, las asignaturas de mis hijos, los retos del idioma; a tal punto que llegué a maltratarme y por ende maltratarlos a ellos.

Fue un tiempo muy obscuro y difícil para mí. ¡Cuánto lamento ahora todo esto! Nunca me orientaron, y nunca recibí un consejo a tiempo, solo reproches. Aprendí a ser madre y padre sola en la vida. No pretendo justificar mis acciones, pero sí hacerles saber a mis hijos cómo me sentía. Decirles cuánto lo lamento y procurar aprovechar al máximo cada momento con ellos, ahora que estoy restaurada.

Llorando desconsoladamente en mi habitación, sin desear hablar con nadie, intenté suicidarme varias veces, pero Dios nunca lo permitió. Sosteniendo en mis manos aquellas píldoras el Espíritu Santo me redargüía, evitando que lo hiciera. Me recordaba que mi alma se iría a la eternidad sin salvación y sin Él. Mis deseos de morir continuaban latentes, y me negaba rotundamente a recibir ayuda profesional. Fue Esther, esa amiga fiel, quien me convenció de visitar un psiquiatra, lo cual hice al año y medio de haber llegado a Nueva York.

Estuve bajo tratamiento de antidepresivos por alrededor de tres años y mientras cumplía con mis citas, sentí que perdía mi propia identidad. Ya no sabía quién era, ni tampoco quería acordarme. Borrosamente veía aquella niña inocente que jugaba con los niños que estaban a su alrededor sin saber su verdadera historia.

Quería borrar todo, desaparecer todo de mi vida, deseaba que nada de eso hubiera pasado. Muy dentro de mí, veía también a aquella moribunda anciana en quien refugié toda mi confianza y cómo Dios me la arrebató sin darme una explicación. Veía la mujer abandonada por el hombre que tanto amó, en un tribunal firmando unos papeles de divorcio en contra de su voluntad. ¡Qué horrible sensación! ¡No quería pensar en nada de esto!

Pero la realidad era que estaba sentada en aquella silla, frente a aquel desconocido médico, que de una forma objetiva e impersonal, pretendía abrir aquellas puertas dentro de mí y rebuscar lo que yo misma no quería buscar, ni enfrentar.

Cada cita se volvió una agonía (no es que yo no crea en la ayuda profesional, solo era que tenía que repasar y recordar cosas que no deseaba). Mi dolor se iba alimentando, aumentaba mi coraje y me sumía en una conmiseración cada vez más destructiva. Comencé a odiar a esa niña que nació, a odiar a cada persona que me rodeaba, a odiar a mi madre y a mi ex-esposo; en fin, odiaba la vida. Más tarde, entendí que Dios me llevó por este proceso porque tenía su propósito conmigo y lo que estaba haciendo era construyendo un contenido para ser una ministra competente para ayudar a restaurar vidas.

Para ese entonces conocí un joven caballero, muy bueno, buen creyente y de buena familia. Me sentía cómoda compartiendo con él. Pensé que sería la persona indicada para yo comenzar de nuevo mi vida. Lamentablemente, no fue así. Yo no estuve dispuesta a renunciar a todo lo que hasta ese momento había arrastrado conmigo. Tal vez le lastimé o le herí con mi conducta y mis acciones, pero en ese momento no veía las cosas claras. Todo era un torbellino oscuro para mí y actuaba fuera de mi control. La relación nunca funcionó; nuevamente pensé que el matrimonio era la solución para mi necesidad de seguridad en la vida.

En medio de este desastre, tuve la visita de Dios; ese Dios verdadero, el Amigo fiel y quien en todo tiempo estuvo muy pendiente de mí, ¡y de qué forma me visitó!

Un día, me encontraba en mi apartamento en Nueva York. Era un día igual a muchos otros que pasé, destruida entre esas cuatro paredes. Estaba durmiendo cuando de repente sentí que algo extraño comenzó a suceder. No sé si fue un sueño, tampoco sé si fue un éxtasis; solo sé que mi espíritu se desprendió de mi cuerpo y comencé a ascender, siguiendo un personaje que no podía ver, pero podía sentir su presencia. Me llevó muy alto. Luego me sentó sobre su brazo y me dijo: *"Abre tus ojos"*. Inmediatamente, los abrí. Lo escuché decir nuevamente que abriera mis ojos y en esa segunda vez, sentí como si mis ojos espirituales fueran abiertos y pudieran ver y comprender mejor una dimensión espiritual a la que fui llevada.

Comencé a mirar aquellas estructuras y colores diferentes y difíciles de describir, similares a la de una gran ciudad. Entonces me di cuenta que estaba sentada sobre unas enormes manos. Mis piernas colgaban de esas manos, como cuando una niña se sienta en un columpio para mecerse. Entonces escuché una voz sublime y potente a la vez que me impartía mucha paz y seguridad, que me dijo: *"Así como te tengo de alta, así te exaltaré"*.

En ese mismo instante, comencé a descender. Ese personaje iba frente a mí, abriendo camino; me veía traspasando el edificio donde vivía hasta que llegué frente a un cuerpo tendido en la cama, el cual era mi cuerpo y entré en él. La verdad es que no tengo palabras que me puedan ayudar a describir mejor lo que viví.

Cuando mi espíritu entró al cuerpo, éste se estremeció de tal manera que quedé completamente despierta. Recuerdo que traté de incorporarme sobre mis pies, pero no sentía el piso. Sentía como si mi cuerpo flotara en el aire; me sentía liviana y diferente. Entendí que Dios había comenzado a hacer algo conmigo, y me di cuenta que sí le importaba a Dios. Esta experiencia fue impactante para mí.

Luego de tres años, me involucré en una relación sentimental que sabía estaba fuera del orden divino, la cual me llevó a fracasar en mi intento de guardarme para Dios. Me había dicho a mí misma que no volvería a usar el matrimonio como refugio para mis frustraciones y falta de aceptación. No obstante, comencé una relación extramatrimonial con esta persona. Sabía del pecado de fornicación que estaba cometiendo y mi condición espiritual empeoró. Mis acciones atrasaron el plan de Dios para mi vida. Me estaba engañando a mí misma porque dice la Palabra de Dios:

Isaías 17:9

[...]engañoso es el corazón más que todas las cosas[...]

Pagué muy caro mis errores. Me costó tratar de reparar el daño que me causé a mí misma y el que causé a quienes más amaba, a mis hijos.

¡Qué terrible es sentir que tienes una guerra de sentimientos y emociones dentro de ti! Por un lado amaba mis hijos, de tal manera que te confieso una vez más que Dios los usó para mantenerme en pie, pero mi condición me llevó a herirlos y a marcarlos en muchas ocasiones. He reconocido mis errores y en múltiples oportunidades he pedido el que me otorguen perdón. Y como me siento restaurada por

Dios, aprovecho este medio para declararles una vez más cuánto los amo a los tres: Sujeily, mi amada primogénita, tú que me hiciste madre por primera vez; Georgie, mi querido príncipe, amor de mi vida; y mi amada Glaslyn.

Yo estaba como dijo el apóstol Pablo en su carta a los Romanos:

Romanos 7: 15, 17, 19, 24

¹⁵ Porque lo que hago, no lo entiendo; pues no hago lo que quiero, sino lo que aborrezco, eso hago[…]¹⁷ De manera que ya no soy yo quien hace aquello, sino el pecado que mora en mí.[…] ¹⁹ Porque no hago el bien que quiero, sino el mal que no quiero, eso hago […] ²⁴ ¡Miserable de mí! ¿quién me librará de este cuerpo de muerte?

Cuántas veces quise enmendar y empezar de nuevo, pero no podía. Era esclava de mis propias circunstancias. Vivía en mi propia cárcel, una cárcel con fuertes barrotes que fui edificando poco a poco y que me llevó a un desastre total.

Isaías 61 declara que Jesús estaba ungido para trabajar con todo tipo de desastre y yo ubiqué mis desastres bajo esta Escritura y fui libre de todos ellos y lo más hermoso es que recibí restitución.

Isaías 61:1-3

¹ El Espíritu de Jehová el Señor está sobre mí, porque me ungió Jehová; me ha enviado a predicar buenas nuevas a los abatidos, a vendar a los

quebrantados de corazón, a publicar libertad a los cautivos,
y a los presos apertura de la cárcel;
2 a proclamar el año de la buena voluntad de Jehová, y el día de
venganza del Dios nuestro; a consolar a todos los enlutados;
³ a ordenar que a los afligidos de Sion se les de gloria en lugar de ceniza,
óleo de gozo en lugar de luto, manto de alegría en lugar del espíritu
angustiado; y serán llamados árboles de justicia,
plantío de Jehová, para gloria suya.

Son unos de mis versículos preferidos, porque es un reflejo de lo que Jesús obró en mi vida. Alumbró mi alma, marcó un camino de restauración, de sanidad interior y de liberación y pude caminar fuera de todo ese escenario de desastre que me postró y limitó por tantos años. Dios lo hará contigo, es por eso y mucho más que hoy te puedo gritar: Me levantó quien te levantará.

5

UNA LLAMADA INESPERADA

La Biblia está llena de ejemplos de personas que en su diario tomaron rumbos inesperados. Pero es ahí donde Dios se aprovecha para llamar nuestra atención y revelarse a nosotros como un Padre lleno de amor y restauración.

Hay muchas maneras de recibir una llamada — lo más común es la que recibimos hoy día vía teléfono. Dios constantemente nos llama y la gran mayoría de las veces nos toma por sorpresa.

Filipenses 1:6

⁶ estoy seguro de que Dios, que comenzó a hacer su buena obra en ustedes, la irá llevando a buen fin hasta el día en que Jesucristo regrese.

Mientras el día del regreso de Jesucristo se acerca, Dios continúa trabajando, avanzando, conquistando, limpiando, llamando y transformando.

Isaías 49:8-9 habla sobre la respuesta de Dios a su tiempo:

8 así dice el Señor: en el momento propicio [refiriéndose a el tiempo] te respondí, y en el día de salvación te ayudé. Ahora te guardaré, y haré de ti un pacto para el pueblo, para que restaures el país y repartas las propiedades asoladas; 9 para que digas a los cautivos: ¡salgan!, y a los que viven en tinieblas: ¡están en libertad!

Es poderoso cuando logramos entender los tiempos que Dios tiene para cada uno de nosotros para manifestar su gloria y producir una sanidad interior, una liberación, una restauración, una restitución y sobre todo su justificación a través de su amado hijo, Jesucristo.

Antes de hablarte de esa llamada que recibí muy inesperada, te quiero presentar a un personaje de la Palabra llamado Moisés que también recibió una llamada del Cielo en un día que no lo esperaba, ni había considerado.

La crianza de este hombre fue muy difícil y crucial, en un tiempo cuando los bebés de los hebreos que nacían varones los mataban. Su madre, con gran fe y valentía, lo escondió por tres meses (Éxodo 2) hasta que ya no pudo y entonces tomó una arquilla de juncos puso al niño ahí y lo soltó en la orilla del río.

La hermana del niño se puso de lejos a observar y vio cuando la hija del faraón descendió a lavarse en el río. Tomó y destapó la canastilla donde el niño lloraba y ella declaró que este niño era de los hebreos.

Cuenta la historia que se quedó con el niño. Su hermana propuso traer una nodriza para criar al niño y, para la maravilla de esta historia, quien cuidaría a ese bebé era su verdadera mamá. Ya cuando fue destetado, la hija del faraón lo tomó por suyo y le puso el nombre de Moisés.

Te sigo contando esta historia para que entiendas que nosotros no somos las únicas personas que atravesamos procesos muy difíciles desde nuestro nacimiento. En medio de esos procesos, Dios tiene un plan perfecto para nosotros y Él nos llama desde nuestro estado para restaurarnos y exhibir su gloria.

Moisés continuó desarrollándose y creció en el reino del faraón. En una oportunidad, se le ocurrió dar una vuelta donde se encontraban sus hermanos (los hebreos) y ver el trabajo arduo y duro que desarrollaban. Observó que un egipcio golpeaba a uno de sus hermanos hebreos y, lleno de ira, mató al egipcio.

¿Cuántas veces hemos querido ejecutar con nuestras fuerzas justicia ante tantas injusticias vividas?

Moisés huyó de Egipto abruptamente porque denotó que los hebreos descubrieron su crimen. Pues, lo enterró en arena y al otro día la arena no se quedó fija y, descubriendo que había un hombre muerto, pudieron identificar que este crimen lo ejecutó y lo hizo Moisés. Huyó y construyó una vida nueva. Era nueva para él, pero debes saber que para Dios todas las cosas están descubiertas y desnudas delante de su trono.

Dios no canceló a Moisés por su falta de sanidad, o porque trató de ocultar momentos de los cuales no se enorgullecía. Dios sabe cuando llamarte y cuando tener una conversación contigo acerca de tus procesos.

Dios la única intención que tiene cuando te llama es para reescribir tu historia, sacándote de las consecuencias de tus propias decisiones

Llegó la hora en que Dios llamó a Moisés y, luego de muchos procesos, Dios se le apareció en una zarza ardiente y se le reveló (Éxodo 3).

Todos recibimos llamadas inesperadas de parte de Dios para sacarnos de pozos cenagosos, de depresiones profundas, de estados mentales y emocionales contundentes. Nos llama para sanarnos, para que conquistemos, para que logremos, y ese fue el caso de Moisés y el de Evelyn Medina. Pues, le faltaba largo camino por recorrer — Dios sanaba su niñez, su pasado, su error, lo encuentra en su presente y lo envía a caminar sobre su futuro.

En la Biblia, se encuentran muchos ejemplos con escenarios fuertes, y observamos que solo el poder y amor incondicional de Dios pudo ejecutar un rescate. Llamó a un Elías desde una depresión aguda metido en una cueva, totalmente rendido y deseando morir. Llamó a un Jonás y lo escuchó desde lo más profundo del mar, metido dentro de un gran pez. Llamó a una Noemí desde su viudez y depresión. Llamó a una Esther para ser reina y gobernar desde su orfandad.

Yo no fui la excepción. Yo estaba en la lista de Dios para recibir una llamada inesperada que pondría al descubierto mi estado emocional y mental con el solo propósito de sanarme y, sobre todo, de libertarme.

Yo, viviendo en Nueva York, recibí una llamada de *Mami* —inesperada para mí, pero muy esperada por Dios.

Me notificó que mi madre biológica se encontraba moribunda en una cama, desahuciada por la medicina, a causa de una enfermedad incurable y mejor conocida como "la plaga de este siglo": el sida. Desde su lecho me llamaba por mi nombre, deseaba verme y pedirme perdón por todo el daño que me había causado. La noticia movió muchas fibras en mi interior. Me sentía demasiado herida como para querer verla. No quería regresar a Puerto Rico, y la persona que menos deseaba ver en este momento de mi vida era a mi madre biológica. Mi corazón estaba demasiado dolido, ya no tenía fuerzas para nada y menos para perdonar.

Estando en esta situación ambivalente, escuché una voz en mi interior que me dijo: "Evelyn, tienes que perdonar. Tienes que perdonar". A lo que contesté: "¿Perdonar? Jamás. Jamás perdonaré a la persona que ha destruido mi vida por completo. Por ella estoy como estoy y donde estoy. Ella es la causa de toda mi desdicha".

Convencida por la insistencia de *Mami*, decidí viajar a Puerto Rico. Preguntando, llegué al lugar donde ella se encontraba mi madre biológica; en aquel entonces era el Barrio Florida de Barceloneta.

Cuando iba entrando a la casa, escuché a una persona de las que estaban en el lugar decir:

"¿Quién es ella? ¿Será *otra* de sus hijas?"

Esas palabras resonaron en mi interior. No obstante, entré por la puerta principal de aquella casa y me dirigí directamente a la habitación donde se encontraba mi madre. La escena que vi fue horrorosa. Vi un cuerpo moribundo y casi irreconocible; apenas le quedaban algunos cabellos en su cabeza, su boca y su piel estaban ulceradas y supuraban constantemente. Cuando percibió mi presencia, apenas pudo levantar su cabeza. Me miró y me dijo:

"Qué bueno que viniste, Evelyn. Quiero que ores por mí. Quiero entregar mi vida al Señor y deseo que seas tú quien ores por mí. Perdóname por todo el daño que te he hecho".

Lo "peligroso" de tener conocimiento teológico fue el llevar a mi madre a salvación por parte del amor misericordioso de Dios, pero con un perdón, de mi parte, que estaba saliendo solo de mis labios hacia fuera; pues, sobrepasaba mis emociones. Sin embargo, realicé con éxito y por obediencia la tarea divina que me fue encomendada.

La miré con mucho odio, coraje, ira y no sé qué más. Puedo decir que de un momento a otro se abrieron todas aquellas puertas que yo había cerrado en mi interior. Todas las experiencias que desde mi niñez había guardado vibraron dentro de mí. Por consiguiente, le di rienda suelta a mi odio, a mis amarguras y a mi dolor: vino a mi mente el recuerdo del intento de aborto, el rechazo, mi infancia, mi niñez, mi adolescencia, mi juventud y la pérdida de *Mita*. Toda mi vida desdichada y llena de dolor tenía una sola razón de ser: La persona que tenía frente a mí, mi madre biológica.

Comencé a reclamarle en mi interior: "¿Dónde estabas tú cuando yo era una niña indefensa y con una gran deuda de amor, cariño y aceptación? ¿Dónde estabas tú cuando fui adolescente y comenzaron los cambios en mi cuerpo y no sabía a dónde ir a preguntar? ¿Dónde estabas tú cuando perdí a mi querida *Mita* y no sabía qué hacer o a dónde ir o con quién refugiarme? ¿Dónde estabas tú cuando me casé y cuando me rechazaron, engañaron y despreciaron? Toda mi vida he estado sola y ahora te antojas que venga a verte. Mírate, mírate cómo estás. ¡Ahí estás pagando todo lo que me hiciste! ¡Bueno, que te pase! ¡Tú te lo mereces!"

Nuevamente, escuché esa voz en mi interior que me decía: "Evelyn, tienes que perdonarla. Tienes que perdonarla".

Qué terrible batalla comenzó a desatarse en mi interior. Recuerdo que le dije: "Te perdono, Mamá".

Quizás fue por el cansancio de la batalla, o por callar esa voz en mi interior. Verdaderamente no sé por qué tomé esa decisión.

Comencé a cuidarla. Recuerdo que tomaba su cabeza infectada en mis manos, limpiaba sus heridas supurantes, pasaba un hielo por sus labios, ya que no podía alimentarse debido a las úlceras en su boca. Pero dentro de mí, sabía que mis amarguras estaban intactas.

Había tomado la decisión de perdonar, sin saber lo doloroso que sería ahora el camino de la restauración.

Mira, dije "te perdono" sin sentirlo, pero lo verbalicé. Muchos perdones inician con el declararlo. Ese era el inicio de mi libertad y restauración. No lo minimices.

Luego de una semana en Puerto Rico cuidando a mi madre biológica, regresé a mi hogar en Nueva York hecha pedazos. Más confundida, más apesadumbrada, melancólica y aturdida. Una semana después, recibí la noticia de que mi madre biológica, Lydia Crespí, había fallecido.

No hubo sentimientos de tristeza ni de dolor, sino muchas preguntas. ¿Por qué tuvo que ser así? En el momento que tomó la decisión de enfrentarme a mi propia madre, de escuchar las palabras que tanto deseé escuchar en toda mi vida: "Perdóname por todo el daño que te he causado", ahora simplemente se acabó todo. Murió mi madre biológica. Pensé que eso sanaría mi interior; pero ahí estaba yo, sin ninguna reacción, sin sentimiento alguno, ni positivo ni negativo. Solo haciéndome muchas preguntas.

Moisés se hizo muchas preguntas; Noemí también. De hecho, ella caminó en obediencia y aun regresando a Belén decía:

Ruth 1:20

[20] *no soy Noemí me llamo mara porque el Todo Poderoso me ha puesto en grande amargura.*

Yo estaba igual a ellos, sin entender mucho a lo que me estaba llamando mi Padre celestial, pero Él que me llamó estaba perfeccionando su obra en mí, y en los capítulos que restan podrás entender que esa llamada fue el inicio de caminar hacia mi liberación. Sigo gritándote: "Me levantó quien te levantará".

6

LOS MUCHOS COMIENZOS

En el capítulo anterior, terminé hablándote del estado de ánimo y del estado emocional de la historia de Noemí en la Biblia. Cuando sigo leyendo, veo muchos movimientos de nuevos comienzos en grandes hombres y mujeres de Dios y esta constante atraviesa a José y María, los padres de Jesús en la tierra.

Mateo 2:13-23 nos narra dos movimientos de José y María con el niño Jesús, y en ambas tuvieron que comenzar de nuevo. La primera fue de Belén hacia Egipto, y la segunda de Egipto hacia Jerusalén; más bien se ubicaron en Nazaret, una ciudad de Jerusalén que era distinguida por la pobreza y maldad de la gente.

Los movimientos de Dios y nuestras mudanzas están incluidas en el destino y propósito de nuestras vidas. Si estás ahora mismo fuera del país donde naciste y has tenido que comenzar de nuevo, eso no significa que has cometido un error o que has emigrado por emigrar; en Dios siempre hay un propósito eterno hacia esos movimientos y procesos que causan en nosotros nuevos comienzos.

El subtítulo de este libro es: "Tu origen no cancela tu destino". Podemos ser puertorriqueños, salvadoreños, colombianos, costarricense, dominicanos, ecuatorianos, de Estados Unidos, de Centro o Sur América, del Caribe, de Europa, de Asia, de África — no importa donde haya sido tu origen y donde te encuentres ahora, ese es el hoy de Dios para ti.

Te doy la bienvenida a los nuevos comienzos que has tenido que conquistar en ti y los tuyos.

Lo único que te recalco por su Palabra en el:

Salmo 24:1

¹ de Jehová es la tierra y su plenitud;
el mundo, y los que en él habitan.

Tus nuevos comienzos estaban escritos por Dios, pero yo te seguiré relatando mi historia que incluye nuevamente la mudanza, sin saber que ya Dios me tenía caminando hacia la restauración y hacia mi destino y propósito de existencia.

Regresé a Puerto Rico después de vivir alrededor de cinco años en Nueva York. En todo ese tiempo, hice intentos por cambiar el rumbo que llevaba mi vida. Sabía que huir de mi pasado no era la alternativa, porque mi pasado me acompañaría a dondequiera que fuera. No era el ambiente que me rodeaba ni las personas, no era el lugar donde estuviera; era mi herencia de maldición. Ése era mi pasado y me acompañaría hasta que renunciara al mismo, hasta que rompiera con esas maldiciones y me librara de todo mi dolor.

Ya en Puerto Rico, traté de comenzar una nueva vida. Hice entonces los trámites de matrícula correspondientes en la escuela de mis niños y las gestiones para alquilar una casa. Mientras tanto, me vine a vivir con *Mami* en la comunidad Palenque de Barceloneta en Puerto Rico. Conseguí una casa en la comunidad Imbery de Barceloneta a donde me trasladé en medio de una situación económica difícil.

Después de cierto tiempo, me mudé a la comunidad Garrochales de Barceloneta y los domingos comencé a visitar algunas iglesias. Allí comenzó el Espíritu Santo a redargüirme y hacerme ver que yo no estaba preparada para encontrarme con Dios, si se hubiera efectuado su Segunda Venida en ese momento.

Comencé a recordar las enseñanzas que *Mita* me impartía, y comencé a sentir nostalgia por ella. Poco a poco me acercaba a Dios, congregándome en aquellas iglesias que estaban cerca de mi casa.

Un día, fui invitada a un campamento del Ministerio Femenil de la Iglesia de Dios Mission Board. Para ese entonces, la pastora Ruth Serrano era directora del mismo y fue el instrumento que Dios usó para darme la oportunidad de levantarme de nuevo, por lo cual hoy doy gracias a Dios por esa sierva del Señor.

Mi alma de guerra es la adoración y la alabanza. Sé que soy profeta de oficio al Cuerpo de mi amado Señor, pero Dios me regaló talento musical y me considero una adoradora llena de pasión; es la manera de predicar y testificar lo que mi Señor ha hecho por mí. Y si lo hizo conmigo lo hará contigo también.

Dios estaba atrayéndome con gracia, amor y misericordia. Así que la invitación de la pastora Ruth Serrano era un nuevo comienzo para mi vida. Me dio la oportunidad de recordar que Dios tenía planes conmigo y ya había comenzado a obrar. Comencé a ministrar a través del cántico en esos campamentos.

Recuerdo las veces que canté el himno "Amado mío", cuya autora lo es Yoly Lupe. Cuando gritaba desde lo más profundo de mi alma:

...amado mío,
yo que viví en la inmundicia,
llena de melancolía,
muriéndome de agonía.
amado mío,
tú eres el fuego que me acaricia,
el pan que me da vida,
el agua de mi sequía...

¡Cuántas personas fueron restauradas, tocadas y marcadas por ese cántico! Sólo Dios lo sabe. Yo solo sé que cada vez que tenía la oportunidad de cantarlo podía testificar lo que estaba viviendo.

Recuerdo como ahora una cena — en el Centro de Convenciones en el Condado, San Juan, Puerto Rico, en el año 1994, la cual estaba auspiciada por el Ministerio Femenil del Concilio Iglesia de Dios Mission Board — que presidía la pastora Ruth Serrano, ella me dio la oportunidad de cantar y para mí fue un privilegio y una gran oportunidad.

Cuando canté ese himno, la gracia de Dios fluyó de tal manera que su Santo Espíritu comenzó a manifestarse de una manera tan especial que en aquella cena, muchas mujeres del ministerio femenil ya se encontraban cenando, yo me encontraba adorando y se comenzó a escuchar un ruido. Eran sus utensilios cayendo en la mesa y en sus platos de comida. Se detuvieron de comer y la gloria de Dios nos arropó y se convirtió en todo un culto al Todopoderoso. El Señor comenzó a ministrar a las vidas allí presentes a través del cántico "Amado mío". Por medio de esta oportunidad, Dios comenzó a tratar conmigo y comenzaron a surgir algunos compromisos para ministrar.

Continué sirviendo al Señor y ministrando con la música. En el trato de Dios conmigo, tenía que llevarme de regreso al punto inicial de mi vida.

Dios me regresó a mi génesis en Barceloneta, Puerto Rico. A la vista de todos los que me conocían, quizás pudieron pensar: *Evelyn esta inestable, tantas mudanzas.* Pero Dios estaba en medio de todos esos cambios y de todos esos nuevos comienzos.

Dios estaba marcando en mi camino sus huellas y yo simplemente las seguí. Pisaba sobre ellas y encontré un camino que me llevaba por un norte. Desde allí, comenzó un trayecto conmigo hacia el camino de la restauración por medio del quebrantamiento total.

Fue una temporada hermosa y llena de nuevas oportunidades. También incluyó momentos difíciles, pero su gracia me sostuvo, y cada vez que provocaba una mudanza o un movimiento sobre mi vida y mis hijos, lo hacía Dios con el fin de acercarme más a mi propósito y destino.

Números 23:19 declara:

19 Dios no es hombre, para que mienta,
ni hijo de hombre para que se arrepienta.
él dijo, [de Evelyn] ¿y no hará?
habló, ¿y no lo ejecutará?

Cada vez que crees que estás comenzando nuevamente para Dios, es que te está dimensionando, sanando, elevando, posicionando para entregarte herencia. Eres hija amada, eres hijo amado y Él no te dejará hasta ver realizado lo que escribió de ti.

Filipenses 1:6 declara:

⁶ estando persuadido de esto, que el que comenzó en vosotros la buena
obra, la perfeccionará hasta el día de Jesucristo;

Dios, a través de su Espíritu Santo, continuará provocando nuevos comienzos en ti hasta el día que Jesucristo regrese por nosotros. Así que es un continuo camino de progresos, y la meta es lograr que Cristo crezca en ti hasta alcanzar la estatura de Él.

Cuando leo la Palabra del Señor, puedo ver su misericordia y su compromiso de no rendirse sobre nosotros. Un ejemplo rápido que te puedo dar es el profeta Elías. Él era un hombre que hizo proezas y grandezas en Dios, pero se dejó contaminar de algunos virus que son peores de los que estamos enfrentando a nivel mundial en estos tiempos. Los virus de la duda, frustración, depresión, tristeza, desanimó, confusión son virus que se alojan en nuestra alma y nuestra mente, desatando una batalla infernal.

Quizás también has hecho mucho, pero te encuentras en un momento de estancamiento espiritual, emocional o físico solo por causa de circunstancias adversas, retadoras y difíciles.

Juan 10:10

10 el ladrón no viene sino para hurtar y matar y destruir; yo he venido para que tengan vida, y para que la tengan en abundancia.

Dios no te dejará caída o caído. Él provocará en ti un nuevo comienzo. Dios es un Dios de movimientos, no de estancamiento. Nos diseñó para que disfrutemos gloria sobre gloria; es la fuente inagotable.

Otro ejemplo es Eva. Aunque tuvo pérdidas con Caín y Abel, sus primeros hijos, Dios no la dejó caída en su maternidad y nuevamente fue madre y le regaló a Set. Para Eva hubo un nuevo comienzo, para Moisés también. Él tuvo la oportunidad de Dios, y a sus 80 años fue dirigido hacia nuevos horizontes desatando sobre él una nueva temporada de gloria y proezas.

A Elías, Dios lo sacó de debajo de un enebro donde se echó a morir. Luego se fue a caminar por el desierto sin rumbo, su mente nublada, su estado de ánimo pésimo, depresivo y así llegó a una cueva se echó a dormir y ¡qué hermoso cuando vemos en estas historias el corazón de Dios hacia nosotros! Dios envió su ángel. Lo tocó, lo despertó lo fortaleció con alimentos, y le dijo que comiera y bebiera.

Esta historia me cautiva, porque aunque él era un varón y yo soy una fémina, me puedo identificar en esta historia a nivel emocional. Elías se volvió a dormir, se acostó. Aunque estaba experimentado lo sobrenatural como muchos de nosotros hemos experimentado, nos volvemos a nuestros estados mentales y nos rendimos, nos acostamos o nos echamos a dormir. Continuamos en una actitud de parálisis, aunque hayamos experimentado Gloria.

La historia registra que el ángel volvió a tocarlo. Lo despertó y le dijo, "Termina de comer y beber la comida que te he traído, porque largo camino te resta". Dios le quiso decir, "No has terminado. Comenzaré contigo un nuevo norte. Tienes asignación mía. Hay ungimientos que tienes que ejecutar y ciudades que tienes que visitar". Elías comenzó a caminar, pero no de acuerdo a lo que atacó su alma y su mente. Comenzó a caminar de acuerdo al destino y propósito que Dios tenía con él y esto pasaba sin lugar a duda por un nuevo comienzo.

Así Dios hará contigo. No se rendirá, y aunque tenga que efectuar en ti cambios y tengas que comenzar de nuevo, Dios te levantará como me levantó a mí. Es por eso que puedo gritarte, "Me levantó quien te levantará".

7

EL ESTALLIDO
DE UN ODRE VIEJO

Nos encontramos en un tiempo y en una era cuando los ruidos han aumentado y subido de niveles. Estamos viviendo en una sociedad que está educada para escuchar ruidos, explosiones, detonaciones, erupciones, rompimientos y estallidos.

Lo interesante de esto es que estamos muy condicionados y aclimatados a escuchar los ruidos exteriores, pero lo asombroso es que muchas veces podemos identificar esos estallidos de nuestro mundo exterior. Inmediatamente, sabemos si eso que se escuchó fue un accidente automovilístico o, por ejemplo, si fue un ruido de armas disparándose. El punto que quiero resaltar es que somos una sociedad que puede identificar de inmediato estallidos y ruidos externos, pero los estallidos internos no los identificamos tan bien que digamos.

Permíteme darte una definición de un estallido: un estallido es un estruendo o un ruido potente que genera conmoción... genera un ¡boom!

Cuando un individuo escucha un estallido, dicho sonido le llama la atención por sus características particulares. ¿Qué fue ese estruendo? ¿Qué fue ese estallido? Comenzamos de inmediato a identificar causa, espacio y tiempo.

En resumen, un estallido es un ruido que altera la tranquilidad y produce cambios. Por ejemplo, en una carrera de caballos se escucha el estallido del disparo que da inicio esa carrera. Para los que se encuentran allí, es un ruido de inicio, de enfoque y de correr para ganar.

Así que podemos establecer que Jesús perseguía un objetivo con esta hermosa parábola de los efectos del vino nuevo en odres viejos.

Jesús habla de un estallido que tiene que surgir desde nuestro interior. Establece la disposición de echar un vino nuevo sobre nosotros que producirá un ensanchamiento emocional, una vida abundante llena de amor, gozo, paz, longanimidad, benignidad, bondad, fe, mansedumbre, templanza; contra tales cosas no hay ley (Gálatas 5:22).

Para lograr entender lo que Jesús quiere lograr en nuestro interior a través del Espíritu Santo, tenemos que comprender la enseñanza de nuestro Maestro cuando compara nuestras vidas como unos recipientes llamados *odres*, los cuales son estaban hechos de cuero (generalmente de cabras) que, cosido y pegado por todas partes, sirve para contener líquidos como el vino.

A estos Jesús se refiere en:

Mateo 9:17:

17 ni echan vino nuevo en odres viejos; de otra manera los odres se rompen, y el vino se derrama, y los odres se pierden; pero echan el vino nuevo en odres nuevos, y lo uno y lo otro se conservan juntamente.

Con su enseñanza, establece que no se debe de echar el vino nuevo de sanidad interior en odres viejos. Estos odres viejos son recipientes que han alcanzado un tipo de estiramiento — una forma de pensar, una manera de vivir, cargan en su corazón heridas, resentimientos, falta de perdón, rechazo, odio, baja estima. En fin, un odre viejo con vino añejado o vino viejo. Hay que producir un estallido de ese odre.

Dios estaba produciendo un gran estallido en mi odre viejo para producir en mí una sanidad interior y poder crear en mí un odre nuevo que sostuviera su nuevo vino. Su obra en mí estaba a punto de ser perfeccionada, pero para lograrlo había que escuchar el estallido de un odre viejo.

En este tiempo de mi vida me encontraba en Barceloneta, y recibí a través de la sierva del Señor, Laura Figueroa, una invitación para ministrar en Humacao. En varias ocasiones que ministré a través de las alabanzas en algunas iglesias de Barceloneta y en pueblos adyacentes, Laura exponía el mensaje de la Palabra de Dios. Después Laura se mudó a Humacao, pero estaba en la agenda de Dios que continuáramos relacionándonos.

Laura perseveraba en la Iglesia Cristiana Sendero de la Cruz, y esa noche el Señor me habló a través de la pastora de aquella congregación, la pastora Nereida Rodríguez.

Entre las cosas que el Señor me entregó esa noche, me dijo que pronto me llevaría a comer pastos verdes. Recordé entonces, que ya antes el Señor me había dado Palabra en esa misma línea.

Después de esta visita a Humacao, la pastora Nereida Rodríguez me llamaba y me procuraba. Dios le hizo entender que yo necesitaba sanidad en mi alma.

¡Por fin a alguien Dios le hizo sentir mi gran necesidad! Entiendo que ese era el momento de Dios para comenzar la obra de restauración en mí. Es como si en el cielo hubiesen dado la orden: "Ya es el momento de entrar en el proceso del estallido de ese viejo odre y la restauración en la vida de Evelyn Medina Crespí".

Surgió una invitación de mudanza hacia esa región de la isla, y antes de aceptar mudarme de Barceloneta hacia Humacao, me retiré en la Viña de Oración, un lugar de retiro en Barceloneta. Este lugar fue el refugio del evangelista Yiye Ávila y su escuadrón de oración en muchos momentos de su ministerio.

Me había mudado tantas veces a tantos lugares diferentes, y en esta ocasión no estaba dispuesta a cometer ninguna equivocación. Allí le rogué a Dios que dirigiera mis pasos esta vez. ¡Estaba tan cansada de luchar conmigo misma! Ahora necesitaba y esperaría la dirección de Dios en esta decisión.

Recuerdo que en ese lugar, por las noches, se daban servicios dirigidos a los que estaban retirados en ayuno y oración y un joven que ministraba en la música se me acercó y dirigido por el Espíritu Santo, puso sus manos sobre mi cabeza y orando me dijo: "Desde hoy te ministro el don de ciencia".

Les confieso que yo no entendía cabalmente lo que me quiso decir; sin embargo, desde ese momento cada vez que iba a ministrar, Dios me mostraba las necesidades de las personas, su interior, lo oculto a la vista. Entendí que aquella separación y entrega total me estaba dimensionando y se estaba activando lo que él había depositado desde antes de la fundación del mundo.

Finalizado el retiro, sentí la aprobación del Señor para mudarme a Humacao. Confiando que algo Dios haría conmigo en esta ocasión, di ese paso de fe. Como Abraham (Génesis 12:1) dejó su tierra y su parentela, me fui con mis hijos, ya adolescentes, a estas nuevas tierras que Dios me mostraba en busca de los pastos verdes de los que se me había prometido.

Una joven de la Iglesia Cristiana del Sendero de la Cruz me ofreció albergue en su casa, junto con mis hijos. Le estoy agradecida a Julie y a sus padres. La familia Acosta Ortiz me recibieron como a una hija más y fueron muy gentiles conmigo. Le pido a Dios que les multiplique en bendiciones todo lo bueno que hicieron por mí mientras estuve en Humacao.

Allí llegué con una grande expectativa y dirigida a una denominación cristiana diferente de la que había estado toda mi vida. Siempre había perseverado en iglesias cristianas "tradicionales". Me acostumbré a su liturgia y conocía sus programas; todo tan predecible y programado que por lo general no había espacio para esa intervención divina y plena del Espíritu Santo.

En este lugar de adoración, todo era diferente. Sentía que todo a mi alrededor era nuevo. Nuevo, porque comencé a descubrir una dimensión del Espíritu que yo desconocía. Comencé a experimentar una vida diferente. Los cánticos cobraban vida, cada servicio litúrgico era un verdadero culto al Todopoderoso, la presencia del Espíritu Santo era palpable en cada reunión; allí había una libertad increíble para adorar, cantar y vivir.

Dios me metió en su taller y comenzó a trabajar conmigo. La pastora Nereida Rodríguez, dirigida por el Espíritu Santo, inmediatamente comenzó unas terapias de consejería conmigo.

Para mí, todo esto era nuevo. *¿Consejería? ¿Qué es eso?* Eso parece como mis citas con el psiquiatra. *¿Restauración? ¿Qué es eso? Si yo he sido cristiana toda mi vida. ¿Acaso eso no es suficiente?* yo canto, yo oro, yo ayuno y leo la Biblia.

Lo que nunca revisé era que en mi alma, que es el asiento de las emociones, había añejado un vino que se acomodó muy bien en mi odre viejo. Dios estaba provocando un gran estallido para poder depositar su Vino Nuevo y hacer de mi corazón un odre que pudiera resistir el depósito del perdón y de su amor.

Había sido fiel asistente a los cultos de adoración. Más aún, todavía tenía las llaves del templo donde anteriormente perseveraba y lo abría temprano para recibir a los hermanos. Afinaba los instrumentos musicales y estaba pendiente de todo lo necesario en la iglesia. ¿Acaso eso no era suficiente? *¿Por qué me dicen que necesito ser restaurada y necesito consejería?* ¡Qué error el mío! Por muchos años, así viví dentro de la iglesia, sin sanidad interior; pero dentro de mí lo que había era amargura, odio, rencor, baja autoestima y complejos de inferioridad, entre otros.

Desde ese momento, Dios emprendió conmigo el tan esperado "camino a la restauración". Comencé a contarle a la pastora Nereida Rodríguez paso a paso mi vida desde que era un embrión, mi génesis. Después recorrí mi infancia, mi niñez, mi adolescencia y mi primer matrimonio. Tuvimos un total de tres reuniones en consejería, y luego llegó el momento crucial. La pastora había organizado un retiro-ayuno con el ministerio de adoración de su iglesia.

En ese retiro, me enseñaron lo que verdaderamente es el perdón como una decisión personal. Aprendí que perdonar es el acto de liberar a alguien de una obligación que ha contraído con nosotros por habernos causado un agravio. Yo había encadenado a mi madre, a mi padre, a mi ex-esposo, a mi ex-suegra y a todas las personas que a mi entender me habían marcado de una forma u otra. Andaba por ahí arrastrando todas esas personas en mi vida, encadenadas junto a mí. Por eso no podía liberarme de mi pasado — éste siempre andaba conmigo, arrastrando todas esas personas encadenadas en mi interior. Se tenía que escuchar el estallido de un odre viejo, dejarlas libres, para yo ser libre.

Lo primero que tuve que aprender y asimilar muy bien fue el poder del perdón de Dios en mi vida.

Romanos 8:2

porque la ley del Espíritu de vida en Cristo Jesús me ha librado de la ley del pecado y de la muerte

Efesios 4:32

antes sed benignos unos con otros, misericordiosos, perdonándoos unos a otros, como Dios también os perdonó a vosotros en Cristo.

Una persona que no perdona no ha comprendido a cabalidad lo que significa el sacrificio de la cruz. No ha comprendido en su totalidad lo que significa el perdón unilateral del Padre a través de su hijo Jesucristo; definitivamente no lo ha comprendido.

Entendí lo que Dios había hecho por mi vida — su perdón, su redención, la nueva vida producida a través de su Santo Espíritu y la vida abundante de la que Él habla en:

Juan 10:10

el ladrón no viene sino para hurtar y matar y destruir; yo he venido para que tengan vida, y para que la tengan en abundancia.

Comprendí que para ser totalmente libre de mis ataduras, tenía que dejar en libertad a los que tanto daño me habían causado. Llegó la hora de estallar ese odre viejo.

Aprendí que el perdón consta de tres elementos:

(1) el agravio;
(2) la deuda como resultado del agravio; y
(3) la cancelación de la deuda.

Las personas que carecen de un espíritu perdonador no saben que precisamente esa es la raíz del problema. Tienen un bajo nivel de tolerancia a la frustración. Pierden los estribos con facilidad, por puras "tonterías", tal como me pasó a mí con mis hijos. Luchaba constantemente con mis propios sentimientos de culpabilidad por los errores cometidos en mi pasado, y no podía liberarme del conflicto entre los sentimientos de amor y odio hacia aquellos a quienes más debería amar.

La persona que carece de espíritu perdonador será siempre el verdadero perdedor. Por eso yo trataba de demostrar que podía subsistir en la vida y seguir hacia adelante y no lo lograba. Mientras veía cómo aquellas personas que me habían marcado se superaban y avanzaban, yo por el contrario me llenaba más de amargura y más tropezaba en la vida. El no perdonar me impedía que siguiera los caminos específicos de la vida cristiana y me hacía caminar en la carne.

Me pasaba como el ejemplo que usa el apóstol Pablo en Romanos 7: 15-25, en relación al conflicto interno con el vivimos todos en un momento dado de nuestras vidas. Tenía que liberar esas personas de la deuda contraída. Esta liberación debía ser emocional y física, ya que hasta ese momento había sido una gigante espiritual, pero enana emocional. Debía entregar mis sentimientos hostiles y darle a Cristo acceso, y dejar que Él me quebrantara completamente.

Vuelvo a repetir: Nuestro odre viejo tiene que estallar y producir un odre nuevo para que ese odre, mente, corazón, y sentimientos sean bañados de un vino nuevo.

Cuando la Palabra de Dios penetró en mi interior "como espada de doble filo", definitivamente partió mi alma en dos.

Hebreos 4:12

porque la Palabra de Dios es viva y eficaz y más cortante que toda espada de dos filos y penetra hasta partir el alma y el espíritu, las coyunturas y los tuétanos y discierne los pensamientos y las intenciones del corazón.

Efesios 4:30-32

[30] Y no contristéis al Espíritu Santo de Dios, con el cual fuisteis sellados para el día de la redención. [31] Quítense de vosotros toda amargura,

enojo, ira, gritería y maledicencia, y toda malicia. ³²Antes sed benignos unos con otros, misericordiosos, perdonándoos unos a otros, como Dios también os perdonó a vosotros en Cristo.

En mi caso, necesitaba recibir liberación completa por medio del perdón a todas las personas que me habían marcado en mi vida. Tenía que haber una renuncia completa "al viejo hombre", como dice la palabra en:

Colosenses 3:5-10

⁵Haced morir, pues, lo terrenal en vosotros: fornicación, impureza, pasiones desordenadas, malos deseos y avaricia, que es idolatría; ⁶cosas por las cuales la ira de Dios viene sobre los hijos de desobediencia, ⁷en las cuales vosotros también anduvisteis en otro tiempo cuando vivíais en ellas. ⁸Pero ahora dejad también vosotros todas estas cosas: ira, enojo, malicia, blasfemia, palabras deshonestas de vuestra boca. ⁹No mintáis los unos a los otros, habiéndoos despojado del viejo hombre con sus hechos, ¹⁰y revestido del nuevo, el cual conforme a la imagen del que lo creó se va renovando hasta el conocimiento pleno, [...]

Yo tenía que romper con esas herencias de maldición y quebrar el pacto pronunciado por mi madre en mi infancia, cuando al no poderme abortar me entregó a Satanás. Pero eso lo vine a comprender en ese momento. Esta gran verdad la aprendí a través de las enseñanzas en la Iglesia el Sendero de la Cruz.

En ese retiro, el Espíritu Santo se manifestó de una manera muy especial. Fui la última persona a quien llamaron para ministrarle. Después de haber estado en una serie de terapias en consejería y haber aprendido acerca del tema del perdón, llegó mi turno para ser ministrada y liberada de tal atadura. Luchaba fuertemente con la verdad de la palabra de perdón aprendida y mis emociones.

De repente vi venir una espada de fuego sobre mi cabeza, me penetró y me quemaba y la pastora Nereida Rodríguez puso una mano sobre mi pecho y otra en mi espalda, y me dijo: "Evelyn, llegó el momento de perdonar a todas esas personas que te marcaron. Vas a pronunciar el nombre de cada una de ellas y las vas a perdonar".

Yo me negué, porque no podía ni siquiera pronunciar sus nombres. Ocurrió una catarsis en mi interior. El dolor era tan fuerte que sentía que me desmayaba. La pastora repetía: "Tú puedes hacerlo. Tú puedes hacerlo".

Al día de hoy, creo fielmente que sus manos puestas en mi espalda y en mi pecho eran el instrumento que Dios estaba usando como un martillo para poder estallar mi odre viejo, y que ese vino fermentado se fuera de mi vida, especialmente de mi alma.

Trataba de pronunciar los nombres, pero no podía, entones el Espíritu Santo tomó el control, me dio fuerzas de donde yo no tenía y comencé a pronunciar los nombres de las personas y a perdonarlas.

La primera persona que mencioné fue a mi madre: "Te perdono Lydia Crespí, madre mía. Te perdono".

¡Qué dolor tan desgarrador sentí en mi alma cuando pronuncié aquellas palabras! En ninguna otra de todas las circunstancias que pasé sentí tal dolor. Veía en mi mente a mi madre postrada en aquella cama, moribunda, diciéndome: "Perdóname por todo el daño que te he causado".

Comencé a gritar, y a gemir. Sentía que se desprendía de mí una enorme carga que por muchos años me agobiaba. Se rompieron unas fuertes ligaduras de amargura. En el mundo espiritual se quebró algo muy fuerte, y yo lo sentí en mi interior.

De manera genuina, las palabras de perdón que hice que escuchara mi madre en el lecho de muerte cobraron sentido para mí y me catapultaban a un nuevo nivel, a mi nueva dimensión.

Luego, cobrando fuerzas dije: "Te perdono, padre".

Otra punzada fuerte en mi pecho. Y continué, "Te perdono Georgie, mi ex-esposo y padre de mis hijos".

¡Cuánto dolor y angustia sentí, fue algo terrible! finalmente dije: "Te perdono Gladys, madre de Georgie y mi ex-suegra".

No fue fácil para mí. Fue desgarrador, doloroso, angustioso y difícil de describir. Pero ahí estaba la mano de Dios operando mi ser y dimensionándome a la nueva temporada.

Ese bisturí divino abrió mi interior y operó, extirpando ese cáncer de odio, rencor, resentimiento, dolor, vergüenza y raíces de amargura. Estaba desencadenando esas personas que llevaba en mi interior, dejándolas libre y liberándome a la vez de ellos.

Cuando terminé de confesar y perdonar, quedé totalmente extenuada. No tenía fuerzas ni para hablar. Por fin estaba libre de odio y de amarguras. ¡Qué diferente me sentía ahora! ¡Qué liviana! Sentí que era otra persona.

Me dije a mí misma: *Dios, ¿qué pasó aquí? ¿Qué es esto? Nunca en toda mi vida de cristiana había experimentado tal cosa. ¡Por fin soy libre! ¡Soy libre!*

Después de conocer a mi Jesús, este fue el momento más sublime para mi vida. Dios rompió de una vez y por siempre con todo pacto de maldición, rechacé por completo el espíritu de ataduras mal sanas, con todos esos sentimientos torcidos y entregué todo mi pasado en manos de Dios. Revertí y corté toda palabra de maldición sobre mi vida.

Ya se había ido para siempre toda la amargura, todo el pesar causado por esas constantes batallas; me sentí totalmente renovada, totalmente libre. Todo cambió para mí en ese momento. Por fin nací completamente de nuevo.

Estuve cinco años perseverando en aquella iglesia que fue para mí una gran escuela en mi peregrinaje espiritual.

¡Cuánto agradezco sus enseñanzas, su apoyo, el calor humano y la madurez espiritual que adquirí! Son personas especiales. ¡Siempre los llevo muy dentro de mi corazón! En esa iglesia Dios me permitió realizar uno de mis sueños: la primera producción musical titulada, "El grito de un embrión".

Esa congregación tan llena de amor, con su cooperación, apoyo y patrocinio fueron los que me ayudaron a hacer este sueño realidad. Gracias les doy a todos porque creyeron en mí, y me dieron la oportunidad de ser parte de ustedes.

Hoy puedo decir que Dios depositó vino nuevo en un odre nuevo. Después de un largo caminar Dios me ha permitido realizar cuatro producciones musicales: "El grito de un embrión", "Me rendí", "Porque tú eres bueno" y "Me Levanto".

A Dios la gloria que lo que el depositó en mi odre nuevo, ese vino nuevo, me ha permitido restaurar a muchos a través de la adoración.

Esa adoración la ha usado como martillo, trayendo estallidos a odres que se encontraban como yo sin sanidad interior en un momento dado de mi vida.

Ya en mis sesenta años, me encuentro terminando la cuarta producción musical, "El amor de Dios".

El estallido de un odre viejo lo único que hizo fue traer sanidad, liberación y dimensiones mayores sobre mí. Es mi oración que encuentres y experimentes un estallido que te encamine hacia la sanidad de tu alma.

Te continúo gritando con todas las fuerzas de mi alma: "Me levantó quien te levantará".

8

CORRIENDO PARA GANAR

Este último capítulo nace para impartirte e inspirarte para que propicies un nuevo odre donde Dios pueda depositar vino nuevo, ese vino que produce nueva gloria, una nueva dimensión y un nuevo nivel de operar en Él.

Desde ese momento de liberación y sanidad interior, inició una nueva carrera en mí que no ha terminado. En aquel entonces tenía treinta y cuatro años de edad, cuando Dios me interceptó en Sendero de la Cruz, Humacao. Hoy ya con sesenta y un años, puedo decir como Pablo:

2 Timoteo 4:7-8

⁷ He peleado la buena batalla, he acabado la carrera, he guardado la fe.
⁸ Por lo demás, me está guardada la corona de justicia, la cual me dará
el Señor, juez justo, en aquel día; y no solo a mí, sino también
a todos los que aman su venida.

Desde ese entonces han transcurrido veintisiete años muy fructíferos, de grandes victorias y de grandes procesos, los cuales son parte de esta hermosa carrera que el Señor nos ha llamado a participar. Compartir el evangelio es hermoso, aun enfrentando los procesos normales que nos trae la vida.

Una vez completada esa obra en mí de liberación y sanidad interior, comencé una carrera hermosa de viajes, invitaciones, imparticiones, sanidades físicas, restauraciones, restituciones, milagros financieros; personas en campañas siendo libertadas, consoladas y posicionadas.

Recuerdo que al inicio, Dios me envió a la República de Honduras en un viaje misionero con la Pastora Ruth Serrano. Fuimos como embajadoras del Reino, como ministras del Señor, en un país donde solo Dios mostró su Gloria.

Juntas nuevamente; pero ahora yo era otra Evelyn. Ahora podía cantar libremente, con plena convicción y confianza, el himno "Amado Mío". Cuántas cosas grandes y maravillosas pudimos compartir ahí. Dios cumplió con su promesa de llevarme lejos, de hacer grandes cosas mientras yo pusiera su nombre en alto. ¡Cuántas mujeres fueron libertadas de sus cadenas!

En una ocasión, había una mujer en una de las reuniones y el Espíritu Santo me hizo ver que ese mismo día le habían diagnosticado un cáncer en su seno derecho. La llamé para ministrarle, cayó al suelo y allí el Médico por excelencia (Dios) le extirpó aquel cáncer. El último día de la cruzada ella testificó el milagro, hubo una gran manifestación del Espíritu Santo y comenzamos a ungir a todos los niños que estaban presentes y los mismos recibían el bautismo del Espíritu Santo.

Aquel viaje misionero fue una experiencia maravillosa. Allí pude palpar una vez más que a través de los cánticos que dirigía a Dios, su gracia se manifestaba en milagros de sanidad, liberación y conversión de almas. Él hizo esa gran diferencia y me estaba enseñando al respecto.

¡Dios es grande! ¡A Él sea toda la gloria!

Han transcurrido veintiséis años de verdadero ministerio y Dios me ha dado la oportunidad de viajar y poder impartir a través de la adoración, de la enseñanza, de la prédica y la palabra profética de restauración para miles.

He visto como Dios ha hecho tantos milagros, tales como vientres estériles dando a luz hijos con propósito y destino. Hasta hoy estamos viendo al Espíritu Santo sanar la esterilidad de muchas mujeres, a Dios la gloria. He perdido ya la cuenta de cuantos niños han nacido para hacer feliz a un hogar, a un esposo y a una esposa.

Muchas veces me ha pasado (y me sigue pasando hasta el día de hoy) que recibo fotos y testimonios de bebés, niños, niñas, adolescentes, jóvenes, hombres y mujeres que por medio de una palabra profética se ha gestado la fe de un milagro para que nazcan a un propósito de lo Alto.

Ha sido una carrera donde Dios marcó un antes y un después en mi vida. Antes era amargada, sin norte, sin propósito y sin destino. Pero después de esa hermosa liberación y el perdón que otorgué con la ayuda del Espíritu Santo de Dios, nunca más volví a ser igual.

Dios lo puede hacer contigo. Solo ríndete, permite ser liberado o liberada, y perdona por decisión. El perdón no es una emoción. Te lo hemos demostrado durante toda la trayectoria de este libro — el perdón es una decisión. Decide ser libre de toda carga emocional y espiritual hoy.

El que me levantó a mí está dispuesto a levantarte a ti también.

En este tiempo de mi vida, en vez de menguar en velocidad es como si hubiera un incremento en la carrera. Día a día, siento fuerzas nuevas, viendo y viviendo lo sobrenatural de Dios como nunca antes. En este tiempo he visto cáncer desaparecer instantáneamente, piernas crecer, los páncreas ser sanados de diabetes, personas entregándome pastillas para su alta presión porque recibieron el milagro donde su presión arterial fue regulada, reportes de créditos negativos desaparecer de su historial, y nuevas empresas naciendo luego de experimentar bancarrotas. Grande es el Señor.

Él devuelve el corazón de los hijos hacia los padres y el de los padres hacia los hijos. Los hogares están siendo restaurados y experimentando restitución. Dios me ha permitido ministrar a hombres y mujeres que no tuvieron paternidad y maternidad y con mi vida y mi testimonio han sanado, y han sido libertados de un espíritu de orfandad.

Dios me ha permitido en estos últimos años de carrera ministerial, correr de tal manera que resulté en ganancias de almas para el Reino, que lo sobrenatural de Dios se manifiesta en cada hijo e hija y que su nombre sea conocido y exaltado en la tierra.

Te invito que comiences a correr de tal manera para que tu hogar se levante. Te inspiro para que corras detrás de tu propósito y destino. Corre detrás de la salvación de tus hijos, corre y persigue tus sueños.

Corre a levantar tu empresa. Corre y date prisa y levanta tu vida espiritual, emocional y física. Corre, corre y más corre cuando te caigas. La Palabra declara en:

Proverbios 24:16

Porque siete veces cae el justo, y vuelve a levantarse.

El apóstol Pablo en la carta a los Corintios exhortó a no rendirse. Enseñaba que en una carrera muchos inician en ella y todos inician con un ímpetu de correr, pero solo una persona se lleva el premio. Nos invita a que permanezcamos enfocados y consistente de tal manera que corramos para ganar.

I Corintios 9:24

24 ¿No sabéis que los que corren en el estadio,
todos a la verdad corren, pero uno solo se lleva el premio?
Corred de tal manera que lo obtengáis.

Desde el evento de mi sanidad interior junto con mi liberación, Dios depositó un nuevo vino en mí que hasta el día de hoy me ha permitido correr esta hermosa carrera. La Palabra es nuestra brújula, trayendo dirección sobre la carrera que todos estamos invitados a participar.

I Corintios 9:25-27

²⁵ *Todo aquel que lucha, de todo se abstiene; ellos, a la verdad, para recibir una corona corruptible, pero nosotros, una incorruptible.* ²⁶ *Así que, yo de esta manera corro, no como a la ventura; de esta manera peleo, no como quien golpea el aire,* ²⁷ *sino que golpeo mi cuerpo, y lo pongo en servidumbre, no sea que, habiendo sido heraldo para otros, yo mismo venga a ser eliminado.*

Constancia, pasión, obediencia, fidelidad, fe, enfoque, transformación espiritual, mental y física, ayuno, oración, lectura y meditación de su Palabra son las disciplinas que se deben de desarrollar durante toda la trayectoria de esta carrera. Sentirte merecedor de todas las cosas hermosas que Dios preparó para ti, y creerle a Dios que Él te invitó a correr en esta carrera del evangelio, es vital, es determinante, es transformador y te sostendrá en medio de tus temporadas.

Corriendo para ganar ha sido mi enfoque durante veintisiete años de ministerio. Él me reclutó y desde ese entonces no me he detenido en correr a suplir un consuelo, a traer esperanza, a orar por sanidad, liberación y declarar una palabra profética sobre muchos.

En mi carrera, he encontrado a muchos desviados. Otros se bajaron en una salida equivocada, otros pretendieron escoger atajos para avanzar y los resultados fueron de atraso. Una de mis funciones es de señalar el camino de la pista del Señor para iniciar nuevamente su carrera. La Palabra declara que la carrera no es de él que la comienza sino de él que la termina, y Dios me ha utilizado para poder volver a señalar la pista de carrera que muchos habían perdido.

Te hablo hoy desde mi escrito para exhortarte que tú también puedes volver a encontrar la pista de tu carrera, Dios no te ha eliminado, no te ha sustituido, no le entrega tu premio a otros. Tu carrera está diseñada para ti y te tengo noticias: Lo lograrás. Dios te restaurará, te bendecirá, te fortalecerá y terminarás corriendo para ganar.

No más atrasos, no más pérdidas, no más atajos. Despojándote hoy de todo peso y corriendo livianamente hasta llegar a la meta.

Hebreos 12:1-4

[1]*Por tanto, nosotros también, teniendo en derredor nuestro tan grande nube de testigos, despojémonos de todo peso y del pecado que nos asedia, y corramos con paciencia la carrera que tenemos por delante,* [2] *puestos los ojos en Jesús, el autor y consumador de la fe, el cual por el gozo puesto delante de él sufrió la cruz, menospreciando el oprobio, y se sentó a la diestra del trono de Dios.*

3 Considerad a aquel que sufrió tal contradicción de pecadores contra sí mismo, para que vuestro ánimo no se canse hasta desmayar. 4 Porque aún no habéis resistido hasta la sangre, combatiendo contra el pecado.

Estamos siendo observados por hijos, hijas, esposos, esposas, familiares, jefes, compañeros de trabajo, amistades; en fin, la Palabra declara que hay una nube de testigos viendo como corres en tu diario. Quitémonos todo peso que nos impida correr, especialmente el peso que crea el pecado sobre nosotros y que nos impide correr con perseverancia.

Hoy te puedo decir en *Me levantó quien te levantará* que este libro te posicione nuevamente en esta carrera, la cual se ha destinado para ganar.

9

TU ORIGEN NO CANCELA TU DESTINO

Amado lector, agradezco que junto conmigo hayas recorrido parte de lo que fue mi vida. Sobre todo, deseo que hayas comprendido lo que el Dios de amor, de misericordia y de gracia es capaz de hacer por una vida.

De algo estoy segura: es que Dios no tiene favoritismo. Como me levantó a mí, te levantará a ti también.

Su palabra declara en:

Filipenses 1:6

⁶ estando persuadido de esto, que el que comenzó
en vosotros la buena obra,
la perfeccionará hasta el día de Jesucristo.

Yo estoy persuadida y totalmente afirmada en ésta palabra. Así como Dios terminó de sanarme, libertarme, y darme una identidad de hija, lo hará contigo, mi amado lector.

Puedo declarar con certeza que mi origen no canceló mi destino.

Cuando en mis memorias hago un recorrido de mi vida y miro todo lo que atravesé, todo lo que he superado, y todo lo que vencí, definitivamente la gloria de Jehová está sobre mí y su mano poderosa.

La Palabra está llena de ejemplos de hombres y mujeres que la mano de Jehová los preservó y los llevó a cumplir su propósito y destino en Él. Nunca me cansaré de mencionar un Salmo que ministra a mi vida y me ubica no como una huérfana o una niña abandonada y desamparada; más bien con un destino glorioso.

Salmo 139:13-18

¹³ Porque tú formaste mis entrañas;
Tú me hiciste en el vientre de mi madre.
¹⁴ Te alabaré; porque formidables, maravillosas son tus obras;
Estoy maravillado,
Y mi alma lo sabe muy bien.
¹⁵ No fue encubierto de ti mi cuerpo,
Bien que en oculto fui formado,
Y entretejido en lo más profundo de la tierra.
¹⁶ Mi embrión vieron tus ojos,
Y en tu libro estaban escritas todas aquellas cosas
Que fueron luego formadas,
Sin faltar una de ellas.
¹⁷ ¡Cuán preciosos me son, oh Dios, tus pensamientos!
¡Cuán grande es la suma de ellos!
¹⁸ Si los enumero, se multiplican más que la arena;
Despierto, y aún estoy contigo.

Es un Salmo que me ubica primero en la eternidad, siendo formada y cuidada por un Padre eterno maravilloso y lleno de amor, pero sobre todo lleno de propósito.

Quizás nunca mi madre biológica escribió sobre mí, menos mi padre biológico dejaría un escrito sobre mí, pero descubrí que nuestro Dios se tomó de su tiempo para establecer un escrito sobre mi vida que se imponía a todo proceso que pudiera yo enfrentar en la tierra de los vivientes. Nací con un manuscrito que traería gloria al Padre celestial, y hoy con todas mis fuerzas te puedo decir:

ME LEVANTÓ, QUIEN TE LEVANTARÁ.

Tu eres candidato(a) a superación, a nuevos comienzos, a alcanzar y a vivir una vida llena de propósito y destino.

Desde que nací hasta ahora han transcurrido sesenta y un años ya, y me encuentro todavía abriendo capítulos y leyendo lo que Dios escribió de mí. He encontrado grandes tareas y hazañas de las cuales he dicho, "Si tú las escribiste, es porque yo puedo realizarlas".

He ayudado a establecer y fundar iglesias en diferentes ciudades y estados, he participado en ministerios de adoración y alabanzas, he dirigido proyectos para desarrollar escuelas bíblicas de niños, he participado dando conferencias, predicando su palabra y llevando mi testimonio donde me invitan y donde Dios abre la puerta, y esto incluye radio y televisión. Dios ha ensanchado mi vida con un ministerio profético de treinta y dos años de trayectoria ministerial. Me ha permitido grabar cuatro producciones musicales, y me estoy convirtiendo en autora de este hermoso libro. ¿Crees que he tenido una vida llena de propósito y destino?

Te comparto lo último que descubrí en ese libro que Él escribió de mí. Decía, "Serás fundadora de una iglesia en la ciudad de Sandford, Florida". Se ha realizado junto a la Apóstol Grisel Rivera y un equipo de trabajo extraordinario que Dios nos ha regalado y unos hijos que los amo con todo mi corazón. Iglesia Ciudad Nueva Vida, te amo.

Es ahora precisamente donde me encuentro en mi presente y no me avergüenzo decir mi edad porque la estoy utilizando para que tú sueñes, te levantes y retomes el control de tu vida y comiences a vivir todo lo que Dios escribió de ti que sé que eres capaz de hacer. Si Dios lo dijo, yo lo creo. Este lema me ha acompañado en todas mis aventuras caminando de la mano con mi Dios.

Quiero hacer una salvedad. Tengo sesenta y un años, pero he trabajado para verme de cuarenta. Esa es Evelyn Medina, tu mejor medicina. ¡Ja ja! Los que me conocen sé que les acabo de sacar una sonrisa hermosa en sus rostros. Pues, son dichos que me han distinguido toda mi vida. Es hermoso ser original y no una copia. Sé tú; eres único(a). Te diseñó el Padre por excelencia y todo lo que escribió de ti, eres capaz de hacerlo. Así que perdona, suelta las amarguras, suelta las tristezas, sal de la zona de melancolía y nostalgia, dale una oportunidad a Dios y Él te concederá un Consolador — la tercera persona de la Trinidad, el Espíritu Santo — que te guiará de aquí en adelante a toda verdad y justicia.

Creo con toda firmeza que, si has leído este libro hasta el final, hoy es el día de levantarte, sacudirte de todo el pasado y de mirar hacia el frente y determina que tu origen no cancela tu destino, y así como lo hizo conmigo, lo hará contigo. Puedo concluir diciendo...

Me Levantó, Quien Te Levantará.

Printed in the USA
CPSIA information can be obtained
at www.ICGtesting.com
LVHW020623020923
756979LV00006B/120

9 781662 884405